1,500+ WORDS ASSOCIATED WITH BIOLOGY, PHYSICS, CHEMISTRY, AND MORE!

SCIENCE WORD SEARCH PUZZLES

101 PUZZLES GREAT FOR TEENS, HIGH SCHOOL STUDENTS, AND THOSE WHO LOVE SCIENCE!

Copyright © 2023 by Caren Memmott

All rights reserved. No part of this book may be reproduced or used in any manner without written permission of the copyright owner except for the use of quotations in a book review. For more information, address: cdmdigitalsolutions@gmail.com.

First paperback edition June 2023

Book design by Caren Memmott

ISBN 979-8-3984-5651-6 (paperback)

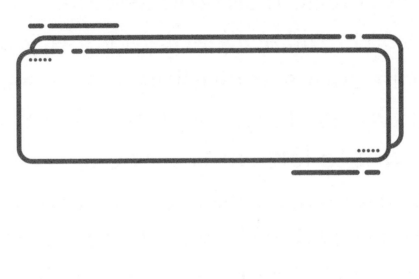

WELCOME

For the next 101 pages, you will find words associated with Biology, Chemistry, Astrophysics, and much more! Your job will be to find each word in the puzzle from the associated list. Words will appear in a variety of directions, including forwards, backwards, diagonal (left to right and right to left), and vertical (both downward and upward). Have fun exploring! And if you come across a word you don't know, take a minute or two to learn more online!

Copyright © Caren Memmott 2023
All Right Reserved

Table of Contents

Easy 1-29
Biology
Chemistry
Physics
Anatomy
Physiology
Earth Science
Environmental Science
Astronomy
Scientific Method
Electricity
Solar System
Atomic Structure
Chemical Engineering
Marine Biology
Forensic Science
Geology
Microbiology
Microbial Biochemistry
Biotechnology
Organic Chemistry
Laboratory
Genetics
Genetic Mutation
Evolution
Ecology
Periodic Table
Famous Scientists
Scientific Discoveries
Occupations

Medium 30-58
Biology
Chemistry
Physics
Anatomy
Physiology
Earth Science
Environmental Science
Astronomy
Scientific Method
Electricity
Solar System
Atomic Structure
Chemical Engineering
Marine Biology
Forensic Science
Geology
Microbiology
Microbial Biochemistry
Biotechnology
Organic Chemistry
Laboratory
Genetics
Genetic Mutation
Evolution
Ecology
Periodic Table
Famous Scientists
Scientific Discoveries
Occupations

Hard 59-80
Biology
Chemistry
Physics
Physiology
Earth Science
Astronomy
Scientific Method
Electricity
Solar System
Atomic Structure
Marine Biology
Forensic Science
Geology
Microbial Biochemistry
Biotechnology
Organic Chemistry
Genetics
Evolution
Ecology
Periodic Table
Famous Scientists
Occupations

Advanced 81-86
Geology
Biotechnology
Organic Chemistry
Genetics
Evolution
Ecology

Arduous 87-101
Organic Chemistry
Hubble's Law
Photosynthesis
Cells
Quantum Mechanics
Respiratory System
Cardiovascular System
Kinetics
Paleontology
Nuclear Energy
Chain Reactions
Bacteria
DNA
Energy Flow
Halogens

Easy Answers 102-109
Medium Answer 109-116
Hard Answers 116-121
Advanced Answers 122-123
Arduous Answers 123-127

Biology #1

CELL
ECOSYSTEM
GENES
MICROORGANISM
PHOTOSYNTHESIS

DNA
EVOLUTION
GENETICS
MUTATION
SPECIES

Chemistry #1

ACID
AVOGADRO'S NUMBER
CHEMICAL FORMULA
ELEMENT
PERIODIC TABLE

ATOM
BASE
COMPOUND
MOLECULE

Physics #1

ACCELERATION
FORCE
LIGHT
QUANTUM MECHANICS
VELOCITY

ENERGY
GRAVITY
MOTION
SOUND

Anatomy #1

DIGESTIVE
MUSCULOSKELETAL
RESPIRATORY
THORACIC
VASCULAR

MUSCULAR
NERVOUS
SKELETAL
URINARY

Physiology #1

CELL SIGNALING
DIGESTIVE
HORMONES
NEUROTRANSMITTER

CIRCULATORY
HOMEOSTASIS
NERVOUS
RESPIRATORY

Earth Science #1

BIOSPHERE
FOSSIL
HYDROSPHERE
PLATE TECTONICS
SEDIMENT

EARTHQUAKE
GEOLOGY
MINERAL
ROCK
VOLCANO

Environmental Science #1

AIR QUALITY
CLIMATE CHANGE
ECOSYSTEM
SOIL EROSION
WILDLIFE

BIODIVERSITY
CONSERVATION
POLLUTION
SUSTAINABILITY

Astronomy #1

ASTEROID
GALAXY
PLANET
SOLAR SYSTEM
UNIVERSE

COMET
NEBULA
REDSHIFT
STAR

Scientific Method #1

ACCURACY
EXPERIMENT
MEASUREMENT
PRECISION

CONTROL GROUP
HYPOTHESIS
OBSERVATION
VARIABLE

Electricity #1

CHARGE
CONDUCTIVITY
CURRENT FLOW
OHM'S LAW
RESISTANCE

CIRCUIT
CURRENT
ELECTRICITY
POWER
VOLTAGE

Solar System #1

EARTH
JUPITER
MERCURY
SOLAR SYSTEM
SUN

EXOPLANETS
MARS
PLANETS
SPACE EXPLORATION
VENUS

Atomic Structure #1

ATOM
ELECTRON
NEUTRON
PROTON
SUBSHELL

ATOMIC NUMBER
MASS NUMBER
NUCLEUS
SHELL

Chemical Engineering #1

FLUID MECHANICS
MASS TRANSFER
REACTOR DESIGN

HEAT TRANSFER
PROCESS CONTROL
THERMODYNAMICS

Marine Biology #1

```
G W F J N H Y J F U P D Q K B T
B L W H A L E S S M M H S I F H
O I S N A E C A T S U R C C B S
J P O C V T Z B J H A X O M E I
X K D L S L O W N Z Z R T E J F
S V Q M O K L B V B A O I A A L
W X Z L D G R E X L D X R J I L
L E Y M H E Y A O U O K A L C E
K D F G G Q N X H K L U V Z O H
J C Y L W S S B T S P P B C D S
G M E W F B Y J T M H J F F Z U
L R K N V K X T U X I C K O N Y
N C N S I Z W Q K P N F I R F T
X F H Z Z R E Y V J S T C G K F
N D L H D L A W W M G S T M Z Y
N B D U I Q X M L B C Y I M M P
```

- BIOLOGY
- CRUSTACEANS
- FISH
- SHARKS
- WHALES
- CORAL
- DOLPHINS
- MARINE
- SHELLFISH

Forensic science #1

```
N E M I R C T E D V M G Z N K M
Q T Y D X E O W C W U X Q B W R
Y N T Z B H U D O C D F Z A P X
B B O S J U P O U O Q N X N D J
V H U I I E C N E D I V E D M A
F E X Y T G E H H W R B T B C N
N H Y Q G A O Z S W A E I R I T
J Z D X Z O G L D Y J G M G S H
D F Y O D C L I O G Q H I R N R
F M J G N V Q O T H L X B S E O
B U X Q O S V P C S T M H O R P
I B Q T L L C Q I I E A M J O O
W X R V C X O B F E X V P T F L
Q E Z Y W N A R N B X O N A E O
V M P K X K P P E X T T T I E G
B S C I E N C E T S R U H L E Y
```

- ANTHROPOLOGY
- DNA
- FORENSIC
- PATHOLOGIST
- SEROLOGY
- CRIME
- EVIDENCE
- INVESTIGATION
- SCIENCE
- TOXICOLOGY

Geology #1

```
T B Z K H T G Z D B M U Z Z G H
Y J P H P W A I Q E L E J Y R T
G G F L P S W M T Q R D W S X R
O T J P A M U A I O G M K M W H
L R Q Z U T M O S N K E W J X D
O O P T K O E I E F E V K S B S
E K L J R J O T O N F R I Y E R
G B G P E N K R E B G Z A D J D
O J H Y X M X Q A C G I I L H E
S I F X T K N Q R A T M R F S H
C E I Y K C G G T P E O Y R K M
W D C C D D O G H N C Y N X X W
P W A T C G J X T K H G S I M R
O N A C L O V A S T G A H S C B
E K R R W A R S L A Q X D R W S
C N B O D Y M F W L V U L V K R
```

- EARTH
- GEOLOGY
- METAMORPHIC
- PLATE TECTONICS
- SEDIMENTARY
- EROSION
- IGNEOUS
- MINERALS
- ROCKS
- VOLCANO

Microbiology #1

```
I Y K X D H J F D E J Z K U Q X
Y Y R G C X Z V C C C Q V J M F
P V O M G W A D H M V U H Z I F
Q R S H E C H S I G N U F U C J
B G V P C T X F E M L L C S R I
I Y R I Q F A B J S G A Q S O L
C M N C R Q A B Z Q U T G T B K
C E L T N C A A O R P R Z U I A
S R O Z T L L D C L T P I U O S
A K G E C F G L H V I M J V L L
Z U R E W Y F P I N E S M U O E
M I L M K Y J Z Y W F I M V G E
A L L X S L D I V E R S I T Y P
M I C R O O R G A N I S M S M H
U E C K A C T Z X A O B Z O I L
I Q Z Y V P R O T I S T S Y V H
```

- BACTERIA
- DIVERSITY
- METABOLISM
- MICROORGANISMS
- VACCINES
- CELL
- FUNGI
- MICROBIOLOGY
- PROTISTS
- VIRUSES

Microbial biochemistry #1

```
A X Y P R L Y A A R T W P L A O
S R G M X H I S G Y L L N W X I
Z E K K O G H T X A C P O C U N
S Y I O Y N Y C K T Y K I L F T
C X K T O Z O T W W Z D T U X E
I H G I I V Z X G G A X A O L R
M D F D P N F H A I A Y I Y X A
O I T H K L U E V T B C D V O C
N S E W C R N M T R Q A E P L T
E E K Y F Z G C M D J S M P A I
G A A P Y G Q K Y O Z J E W I O
G S G M T O X I N S C V R A M N
G E E T X G M Y Q J B N O K V S
W S Q D Q J S D V Z M T I W K R
G Z X H T M F U C T H R B G Y W
P V Q S N X V W C K N Q H Z O R
```

- BIOREMEDIATION
- DISEASES
- GENOMICS
- TAXONOMY
- COMMUNITIES
- ENZYMES
- INTERACTIONS
- TOXINS

Biotechnology #1

```
D P I S S A A E K U I G Q C T P
M N N Q P L I T O K V A Q Y Y Y
Q G A Y X X N L S W U B K A G A
H Q N S K E B G N I N O L C O N
K H F I E S K C E V O V R J L D
X B N F S Q G P T B T A K S O T
N E R E C S U Z P C U P V T N N
D P V Y S I E E C U W W F Q H A
M W G Z Y B G C N D B J Z Y C N
O V C L L A Y Y O C Q I L T E I
K Q E O M M K A Z R I Q A L T B
L E O G J O X R G W P N J Z O M
L B H Q U D H T N Q R O G L I O
M S C I M O N E G Q J K I Y B C
G U O X W U V D Y R F O T B A E
D G E N E E X P R E S S I O N R
```

- BIOPROCESSING
- CLONING
- GENE EXPRESSION
- RECOMBINANT DNA
- BIOTECHNOLOGY
- DNA SEQUENCING
- GENOMICS

Organic chemistry #1

V	E	W	A	K	L	M	J	U	G	V	R	O	C	J	I
S	E	N	A	K	L	A	O	W	D	D	L	R	U	L	X
N	X	A	L	K	E	N	E	S	B	Z	T	G	A	D	P
O	Z	W	R	F	U	Z	Z	U	B	C	M	A	E	X	Y
B	A	R	I	T	N	P	S	G	M	P	R	N	A	G	Z
R	Z	R	V	Z	P	O	I	C	X	Y	H	I	L	J	T
A	Q	R	O	P	H	D	B	J	U	A	E	C	D	M	L
C	M	K	Y	M	T	U	P	R	F	L	V	C	C	A	I
O	O	R	C	H	A	G	Y	W	A	D	A	H	O	X	J
R	L	N	K	C	X	T	J	Y	H	C	L	E	K	E	H
D	E	J	H	D	R	C	I	H	D	A	K	M	A	W	X
Y	C	L	M	U	R	N	R	C	G	Q	Y	I	X	B	S
H	U	K	W	K	P	P	N	B	S	Y	N	S	D	C	K
H	L	W	U	H	W	E	C	P	V	N	E	T	H	W	I
L	E	H	W	T	K	P	E	V	U	M	S	R	P	V	C
U	S	Q	E	L	M	Q	I	G	V	E	L	Y	V	I	J

- ALKANES
- ALKYNES
- CARBON
- MOLECULES
- ALKENES
- AROMATICS
- HYDROCARBONS
- ORGANIC CHEMISTRY

Page 20

Laboratory #1

ACCURACY
CHEMICALS
EXPERIMENT
PRECISION
RESEARCH

ANALYSIS
EQUIPMENT
LABORATORY
PROCEDURE
SAFETY

Genetics #1

- ALLELES
- DNA
- GENETIC TRAITS
- GENETICS
- MUTATION
- CHROMOSOMES
- GENES
- GENETIC VARIATION
- HEREDITY

Genetic Mutation #1

CHROMOSOMAL
DUPLICATION
INVERSION
NONSENSE
TRANSLOCATION

DISORDERS
GERMLINE
MUTAGEN
SOMATIC

Evolution #1

```
U M Y Q B F T N B I O I C I I Z
F E L R Y E W T G J Y G M K N W
O P U W T Q V K F S O S M T E K
S T E Q D S X A B A P L E J N B
S Y G B E Q E T R T A E A A Q H
I F J N N V R C O I B Y C E V T
L N Q J Z W O D N U A Z R I R Q
R B E P P D A L D A Q T N J E V
E N Z U O H L M U R N V I E G S
C O C Q Z S P S M T R O N O B W
O Y Z T M B Q M I R I N M Q N S
R L Z B O Y G I D Y N O P M N U
D W N K X B R P V Y B Z N B O F
V A A T X U C X F S I Z M S C
A D Q A D A P T A T I O N W F P
L C H A R L E S D A R W I N Q X
```

- ADAPTATION
- COMMON ANCESTRY
- FOSSIL RECORD
- VARIATION
- CHARLES DARWIN
- EVOLUTION
- SPECIES

Ecology #1

```
H S W N O I T A L U P O P R E L
J V V W R Q V W N E T A X E T R
N Y X K K B S A G W J Z M S I O
D C O N S E R V A T I O N T P I
F F D U M Q Z F V A K O Y O S I
O O C O M M U N I T Y F J R D T
O Y T I S R E V I D O I B A A H
D B M E T S Y S O C E G A T P E
C T M A P S P E C I E S I I P Y
H T B H F K X N G Y F B P O J Y
A E E C O L O G Y V A L T N D H
I L X F I E A P K H N J B G A E
N V T J R J D S H F M X B G B G
K H R K F H K C P B K L O Z Y G
D S I L S I N T M O Z L N G A H
H Y V B Q F U L H X K B Q E C H
```

- BIODIVERSITY
- CONSERVATION
- ECOSYSTEM
- HABITAT
- RESTORATION
- COMMUNITY
- ECOLOGY
- FOOD CHAIN
- POPULATION
- SPECIES

Periodic Table #1

```
J V W R E B M U N C I M O T A L
V L S F I Y R F D A L B Q F K A
E F O L S Y Q B M S Q T B R P V
M T P B A T F T D A G W A B E C
H H R E M T N S D O I R E P U D
V X I Y R Y E E H I M O W G G X
S C X O X I S M M T C U Q N C Q
O S P B R F O C H E T X A K D Z
X A A V J A J D I G L R Y F Q Q
L F Y M V L H I I M K E X S O N
M Y P Y C K T Y L C O K P Q C T
D D N J T I X O M W T T Q X I Q
G R O U P S M W L J P A A P V M
M M R X F W G O B P X J B L I S
Q Y W M T C M V T F E Z H L H V
E J H O O K N U A A V B P T E F
```

- ATOMIC MASS
- ATOMIC SYMBOL
- GROUPS
- PERIODIC TABLE
- ATOMIC NUMBER
- ELEMENTS
- METALS
- PERIODS

Famous Scientists #1

```
H W J M P T J O Y O R U S U V P
M G R F Y M Y K N E W T O N W H
Y Q A O O R O I S I R U X T C K
G B Z I E L I L A G W W H F F G
T P C U R I E A R B T R T Q I A
C I D S L H S Z G Q M S A W Y R
E F Z X X W N N I N S E H D U Y
W D E Z T C H A N N I W N E V A
E T P I Q N W I Y X S K T D C G
T D G H N X A Y U P C S W Z E S
Y M J I O S S L O P A I Y A Z L
T Y P K D H T Z S P O Q M W H X
Z I H C N Q Z E O E N K T Q J R
P W I Z F E R M I L T F K T E U
G O A A J U X W R N J V C Y H N
W S U R B O I G V E R K N X Z H
```

CURIE   DARWIN
EINSTEIN   FERMI
GALILEI   HAWKING
MENDEL   NEWTON
PASTEUR   TESLA

Scientific Discoveries #1

ANTIBIOTICS
DOUBLE HELIX
NUCLEAR FISSION
QUANTUM MECHANICS
TRANSISTORS

BIG BANG
HIGGS BOSON
PENICILLIN
RADIOACTIVITY

Occupations #1

ASTRONOMER
CHEMIST
GENETICIST
MICROBIOLOGIST
PHARMACOLOGIST

BIOLOGIST
ECOLOGIST
GEOLOGIST
NEUROSCIENTIST
PHYSICIST

Biology #2

ADAPTATION
BIODIVERSITY
CLASSIFICATION
KINGDOM
PHYSIOLOGY

ANATOMY
BIOTECHNOLOGY
ECOLOGY
ORGANISM
REPRODUCTION

Chemistry #2

```
M R E D O X R E A C T I O N E H X P I
I A M O Q R B P T C R G D X N I Y L A
N G A I L H C Z P P G Z L O S R G D Y
O I X D F P G W I P P C I C T L A P O
R I I I C B G D K O W T I S M J S C P
G O U R K P B H N T U M I L J X P D Y
A E G Y Z M C Y L L A M S V N Y S R R
N U B M K L O P O N E U P J P D T P D
I V X O E E J S Y H X P R M B E M M H
C R F O N F Z D C N C P T X M W M T L
C N S B I D O C T Q X V H O L K B L F
H P T W X M I G M W V Q I Q V Y O A O
E O H K R N X N I E I H J S L Z L E F
M D U E A M D M G N C R E O C V D U B
I S H G U I U J F I F T Z L F Q M X T
S T R M U M S F O Q R K U I G J I Z F
T O Q Q O R V T E D W U Q D Z R S F D
R H I P K C S X F W I G Q B P U C I N
Y L F L H T F Z L M B H Y Y W L K K S
```

BONDING
INORGANIC CHEMISTRY
ORGANIC CHEMISTRY
SOLID
STOICHIOMETRY

GAS
LIQUID
REDOX REACTION
SOLUTION
THERMODYNAMICS

Physics #2

```
G Q D Z Q X K Q P U S P E H W K R V N
I U H U R N C U N P P F H Q I U L Q S
A A P E I E S A C B G E B X A U Q W O
V N P V G V W D A B L O N B G R A D D
T T Z A R U U Z E K K B I Z V L S M Q
H U E E R E G R O E D D K C S K S T D
E M M J Y T L Z Q N O U I N F I T A G
R E V E Z E I A C W J F O U T A Q G E
M N T L N W G C T K C T P E X V U F E
O T W X L C G N L I W P N T W B E O L
D A K O P T I C S E V G N W C F U V E
Y N F F G I L T N E A I T W A T C A C
N G E C I A R M L M Y I T V G V F F T
A L Y S W M L I S N L B J Y U D E L R
M E K S Z D B G Z V A H J X X H W O I
I M V R H T Z O H A M K V B B J Y M C
C E L Y H R K H U L Z U Z O B J Z O I
S N A G T H E R M O D Y N A M I C S T
Q T O M O B W E I H F R D B W B S E Y
```

ELECTRICITY
NEWTON'S LAWS
PARTICLE
RELATIVITY
WAVE
MAGNETISM
OPTICS
QUANTUM ENTANGLEMENT
THERMODYNAMICS

Anatomy #2

```
A A J R T R M C T T V U Q A G S V A N
X D O I N T E G U M E N T A R Y J U D
H C R A N I A L F L I B P G V J M K B
Y P V J D K L Y M P H A T I C I X I P
K S R G I H E N T H L J E T D K Y I Y
B M V A K V F R A A I H D F G D W M I
J R Y P W F I R C L M D W P X R I D P
J M R C W A A J F B B I A R N X X L Y
Z E N D O C R I N E I P E L V I C J K
V T C T Q V A G K U T N P I I J C L P
D U F A F Y A N B U S G T K B Q Q L U
W U Q M D I C G F W V S P I N A L D Q
N U T Y Q R C T D S A R K S N N B N D
R M S C X R E P R O D U C T I V E I S
S W S U G Z A B D O M I N A L Z X K R
L S E N S E O R G A N S J A I C Y H P
J K U F F W R V C W Y Z T W G P E S P
R X O A D Y B K R E Z R M L K O V V W
L X G P I N J C F J K B M V K V U C H
```

ABDOMINAL
ENDOCRINE
LIMB
PELVIC
SENSE ORGANS
CRANIAL
INTEGUMENTARY
LYMPHATIC
REPRODUCTIVE
SPINAL

Physiology #2

```
C B A S A O Y K M J M L A X N C M L Q
W L D R U Q A K U S X Y N M F A E D D
Q Q D D X M F P L K F T D B Y R T H Y
I E Z S M U P N A Z O A R R W D A O F
C D O U Y S Z Z E V H G A X I I B P D
S X U G C C R G C X E N W E E A O E F
V B X N R U S E G C I O R D E C L G Y
V V E Y H L P U P R J U W Y R C I M X
Q D K N R A W Y U R S V F L Q Y S X W
D Z C C D R M V S S O D G Q K C M L U
B I U J V O X T E T P D W W V L H X O
Q B X T H S C R B Q U S U Z U E Y B U
G Y R X T G P R S A S S X C E C V P R
P U R K V D X P I U A E X I T L J O Q
B P T S O S R H I N A S U O L I N R A
L A M O X A S N L E E R H C M C V C O
E E L N O X Y G E N A T I O N Q B E C
W B F A I R V K Y D U E N W R C Y E J
R Z Q V F Y O T D I F Z U F T O V X N
```

BLOOD PRESSURE
ENDOCRINE
MUSCULAR
REPRODUCTIVE

CARDIAC CYCLE
METABOLISM
OXYGENATION
URINARY

Earth Science #2

```
C X C K T B V X H J G A F P G W A P Q
S V V R H D Y U C K N E H L C P V D M
P L C J I D E P O S I T I O N T M E N
D V P M F C X W K M Q C T O M D R I M
N H K U J M H O B U U Y G Q S E P E B
S H Y T N P F R K J E Y O A H O Z F P
V C F D I W E B K Z B E O P M O I U O
L V B A R I R E J E L E S P C P G L C
M G J R C O T H V G J O C G N K T O Y
Y M Z A N X L O J H E W U A E L E G S
K X L M O V V O G G W J U L N W H G V
G G Y D R X W R G E I X D S P Y L K W
A I I Q B N S N P Y L K G O G K O B R
T I F L Z Y K C M L M T U Q W V Y N V
L A Q A O U L A D S J D E W F G H S L
D A T M O S P H E R E T Y M O K D P F
W M E T E O R O L O G Y O B O H E W Q
N N Q V R M O U N T A I N S F X O B V
I L A N D F O R M I R G I N Y P C M V
```

ATMOSPHERE
DEPOSITION
GLACIER
LANDFORM
MOUNTAIN

CANYON
GEOSPHERE
HYDROLOGY
METEOROLOGY
SOIL

Environmental Science #2

```
E C O L O G I C A L F O O T P R I N T
E N V I R O N M E N T A L I M P A C T
R E N E W A B L E E N E R G Y P E G D
G T R N A T U R A L R E S O U R C E S
R C T A S Q C K I Z D P T F F P B T I
E B D Q E J J F F R F Z O L F E X C D
E P J D Y X I P X E W K C D N O O V
N R J Q W L H H L W J C V E F Y F A V
H A O T S B F O F N V U Y Z W R L F A
O N I F U N S L Q U Z T T C U P W B E
U Z C R F N U B B U M V S E L L O F G
S H T I Q R U T U P T I K G I I K C P
E N U L H D R E K M A U P F K R N U M
G C Q Y T Z U X V J Y I O F O V S G Z
A P O Z O N E D E P L E T I O N T G C
S D D I Q P D E N H A B I T A T D F J
E F D X F D E F O R E S T A T I O N W
S V C A R B O N F O O T P R I N T G Y
V C P B S E H A O R K A J T B W C I D
```

CARBON FOOTPRINT
ECOLOGICAL FOOTPRINT
GREENHOUSE GASES
NATURAL RESOURCES
RECYCLING

DEFORESTATION
ENVIRONMENTAL IMPACT
HABITAT
OZONE DEPLETION
RENEWABLE ENERGY

Astronomy #2

```
J L P G O E P J Z O Q L W B S Z Y C W
O Z Q L S Q S J P Y G F F C Y A L V L
T N M I X G J H D I X Y T V P V X D U
S Q M O N J A J Q I D D P R G B Q Y U
H E X O P L A N E T A M S L R E U O D
K J C C R S S W D H V B I H Z S M W M
I Q O O J O U G J K D L L L K R H K F
D F N S L X P A B V S A J O K X D T A
V R S M V G E T S O I C C M O Y P L R
H Q T O Z Q R B I T P K W Q J U W A G
E G E L C J N A V R R H L U N A R A R
B Q L O S F O O H J M O Q T O E U T Y
O A L G E I V N M N X L N U S U F N G
U P A Y I M A U I O B E C O X V K W I
S W T K Y M P K N H U A V Q M J U D R
J K I G L I G H T Y E A R K X E H R V
P S O Z I D M R U B A H N V C Y R V N
U C N D Z N Q J U J R V F Z G Z L Z J
X N T O Z F D C O T E L E S C O P E J
```

ASTRONOMER
CONSTELLATION
EXOPLANET
LUNAR
SUPERNOVA

BLACK HOLE
COSMOLOGY
LIGHT-YEAR
MILKY WAY
TELESCOPE

Scientific Method #2

```
M A Q R E P L I C A T I O N G Y I O A
I N D E P E N D E N T V A R I A B L E
N A E S C O N C L U S I O N N G D K A
U D E P E N D E N T V A R I A B L E H
L V T N X O W P D G N O B K A A A W X
L S O D O A W Z K O E S K K N O L R T
H R N A L G R Q O L F L W Y P Y S R W
Y F S M V H S L P X T U R E L Q H O C
P I A B M P I B Q C F O U J I L N L O
O X L H U E A B K K E Q D Q W P A F T
T Q P G H E G W F H H X A T Z C X I A
H X H B J R K B T A T L C K I H S I Z
E B F G I R S E G V N M G R U V E F J
S M O D I E V W C U Y A I S G C W N T
I F V G V V J L O I R P L C I D Q D Z
S S G K C I L F Y A M A O Y X V K O I
E Q I N B E Q A J E L J S Q S M R S W
N A K F Y W Z E I F G W B T X I N I U
O V R B D R P H D Y Z X S B W M S E X
```

ANALYSIS
DEPENDENT VARIABLE
INDEPENDENT VARIABLE
NULL HYPOTHESIS
REPLICATION

CONCLUSION
EMPIRICAL
LAW
PEER REVIEW
THEORY

Electricity #2

```
O I N N Z R H H T H Y P N T E B R V K
G X S S J X Q K H B X D C S K U O I A
C G W V P N U K Z A K S I P O T G G T
E B C S T G B W S T N S B B F L D Z B
T N A M M X S R J T B F Y V U L J I A
R X P Y T M I F X E E I R F E D C H R
A E A U A C M I N R K O G I Q A L P A
N L C D V S Y P J Y T D F N J R Y P G
S E I U I U W G U A P C V X F J P F L
F C T F B O X I R B I R P N C Y K Z C
O T O S S R D E T R E F U C O Q V M W
R R R O Z P N E T C U Z P N N S O J P
M O B A F E S C U P H S I Z D C N G P
E M G P G O E U P A E E Z J U M P U A
R A S V H L I E P X E M Q O C H K Y L
N G U H E Z Y F H R Z U T W T J X S U
G N Q B N G C T Y I B J C G O N E S A
T E X N H U O K K J X P R Q R F L P H
P T O I N S U L A T O R I P X N J I Q
```

BATTERY
CONDUCTOR
ELECTRIC FIELD
GENERATOR
SWITCH

CAPACITOR
DIODE
ELECTROMAGNET
INSULATOR
TRANSFORMER

Solar System #2

```
A M F Q X L H X H I O M G K M Z Y B J
F E M E T E O R S H O W E R S K H T J
K T A L Z S O K I L U K G L X N K X K
Q E D W A R F P L A N E T T L L H Z W
L O F I P K E Q L Y O M O O N S K S H
E R P K N N M K F J K U O A Y P T W A
J I R N X A V N A G K E D B E T I I X
K T M V Q I S P L U T O Z W W U U E K
L E C X E P I T T D L W K D F L S K C
W S C U D Z T E E H C O M E T S D G G
I Q P T N E N I R R G P T D H F F J X
T N H H T U W J T G O V B Z O H D P W
C V Y X T U W T F B V I M E Y G I R P
K U I P E R B E L T H G D A K L F J P
D K E L M E T E O R O I D S I R R F D
O N J M P Y N H M K Q F C E G E R P G
J V J V M H W O D T P N L Y B C R F X
T G C P J V P K I W K E S O Y H Y Z P
L T A I R V G W H Q V U L B V G C W V
```

ASTEROIDS
DWARF PLANET
METEOR SHOWERS
METEOROIDS
NEPTUNE

COMETS
KUIPER BELT
METEORITES
MOONS
PLUTO

Atomic Structure #2

```
C A G L P A L B V F N E T O D B D O Z
Q Y Z W R E N E R G Y L E V E L S B P
K V Z M T A T O M I C S P E C T R A X
Z A C A G H J A T O M I C R A D I U S
N L X P N E L E C T R O N C L O U D B
P E A H E O K U X E W H E K E O Y Z D
K N I T T R O G L L M M L N V T E Z Z
O C S O O T I Z N Y W K E D L M Q J N
F E A R T M I O B T Y C M F H G Q J X
Z E C U H W I F D O G Z E I I T H L E
T L Y O L P Q C N I E X N C P V E H D
A E H M L J L K M K C G T F B D Y V S
J C O P Q L L E S A O T V C O T D M O
N T F U C Z H G S W S Z A M F E I V E
U R J P K C W G X Q W S R B Z J E Y A
M O I H A F W L L I A H H V L X X V A
S N I H T H I D E Q O K C F C E F H Y
Z S S H U O N N J B Z B T Y V U A C S
B H V Z I E A U T T J P C E S T J P A
```

ATOMIC MASS
ATOMIC SPECTRA
ELECTRON CLOUD
ENERGY LEVELS
VALENCE ELECTRONS
ATOMIC RADIUS
BOHR MODEL
ELEMENT
PERIODIC TABLE

Chemical Engineering #2

```
X E L V G Z M Y V F D O G H V M L M T
S D M W B U H A X B G L Q X C B T G Z
C I S C D J R X S R X K H F P C S D B
V R J E R I P O D S V Z C Q W Y J J C
U V Y X N H S W O X B L U D T H U Y H
U V P S G E M T V L U A O L F A T X E
Z X E M T V R D I K P O L Y M E R S M
N U T Y F A S G O L E X O A F L Z H I
X W R I L I L N Y K L V U A N H J N C
U R O N U X N L Z B Q A S Z K C S S A
V L C U I W V I I U A S T Q J I E C L
E W H E D U A Y Z Z S L E I S U M G R
N O E O I Y I T R E A G A Y O O D H E
F F M T Z Y R Z C K C T L N I N Z J A
C D I J A T Q O L Z G A I S C P U P C
F R C A T H R L K T T J S O S E E F T
D R A T I P K B E A L J W G N I M J O
O M L Z O S U W C D E U M C A X D U R
Z S S A N X G C K D X S G K I T C J S
```

CATALYSIS
CRYSTALLIZATION
ENERGY BALANCE
MASS BALANCE
POLYMERS

CHEMICAL REACTORS
DISTILLATION
FLUIDIZATION
PETROCHEMICALS
PROCESS SAFETY

Marine Biology #2

```
Q Z I C N H K J L G H C K G R X I O M
V A K I E G D V R E E F S S B K C D S
D S Y J O S Z V B V M K O B S K N V B
H F H P E S E Q Q T K H K T U S H D K
Y S W K U L E A P B K G B X E Z P E V
A W D M V W L A W B Z J P G V K F R M
I Y B O W S U Y L E U Z N G D E S R U
U V B M K Q O K F S E O K T V Y S C I
W A P N D Y C R L I P D W I B B J F F
A X J S E A G R A S S T G D G G K I O
Q O B N B A W R U P Q H C E I Q V V N
K U H A H V D W R Q A H W S Z H P Y E
T O N Q O K M A N G R O V E S V I T Q
R L U U Y X Z T H O C U H Z V U O K A
Q W I O P L A N K T O N Q B E C F G V
G N K X F L V B E Q H L G X C V T H Z
D X J X V B F C P E N G U I N S M K Z
G T K C K C H J B Q K J F I P P Y Y Z
V V U F A A G E S H A K D K D Q T B C
```

- JELLYFISH
- PENGUINS
- REEFS
- SEALS
- SPONGES
- MANGROVES
- PLANKTON
- SEAGRASS
- SEAWEED
- TIDES

Forensic science #2

```
B F H E T R A C E E V I D E N C E S A
E L G N L G J U V F D B E I F Z N T N
A J O T M K R H D C G X Y F P X R R B
K G W O F I N G E R P R I N T L Q G O
N X V M D X D C N D P W P L V L P B T
Y Q N O K S P L W F I R E A R M S M J
H L M L Q B T M C X Z D Z Y N H Y D Y
G A W O A A C A N M P F N M K X C D J
I J Q G C U U K I S N X W M W K H N X
I Q M Y Z B H T C N G A K A B M O L H
K I W M E Y F I O L A M G Z W K L L N
M V I G K P T D Q P B N E E B H O C O
C U N V U S Y W I D S R A C F Q G R T
Q P G E I L F W K N U Y U L S Z Y A H
V R Q L P Z R F Q U V W R P Y W J D Y
Y N L O G B L I C U Z G B H Q S B W W
A A F T C F B O D W S I U O O W I Z L
B I O D O N T O L O G Y T I K B L S H
T C R I M E S C E N E A B G U P J B V
```

- AUTOPSY
- BLOODSTAIN ANALYSIS
- ENTOMOLOGY
- FIREARMS
- PSYCHOLOGY
- BALLISTICS
- CRIME SCENE
- FINGERPRINT
- ODONTOLOGY
- TRACE EVIDENCE

Geology #2

```
W C N K G N B G H I Q G V M U P N R G
G A O F B L V K Y W P E H N N T V Y E
R E O N O M S W V Q F Q K G F H G K O
D Y O P T S F P E L Z K Y R Z O L L L
L A R M F I S H G A J V M B L X A N O
R M K X O Z N I G K R N T O W M I F G
B B T F V R Z E L Y T T T T R F F F I
K B D L A Y P A N S U N H E R B C C C
E G P B B X N H E T O U H Q X J N O A
F E Y H G G J R O E A T P B U N O V L
Q T I P D B X B L L O L K T G A O W S
N X F G Y Z D A V E O T D H F C K F U
N I D F W T P E G U G G B R L T R E R
K H R H L J A T S J E J Y M I P F S V
K E L U B I Z H K N U J V S Q F E K E
E I A R I V B G G U O M A T K X T J Y
J F O L S G E O L O G I C A L T I M E
B B I G H R S T R A T I G R A P H Y C
D D T M I K K G F J G C J H X U U V K
```

- CONTINENTAL DRIFT
- FAULT
- GEOLOGICAL SURVEY
- GEOMORPHOLOGY
- PALEONTOLOGY
- EARTHQUAKE
- FOSSILS
- GEOLOGICAL TIME
- GEOTHERMAL
- STRATIGRAPHY

Microbiology #2

```
S P C U H X L J O V M S R J P Z J Z F
Y G K H P H I H P K D N Q M W P K M M
J A A V G C A V U A O A B X W H E S E
Q X N Y L L V G G I N Y A K N T N R D
A J Z T M P H R T A S L B R S R U W T
A E T C I G C C N F Y B C Y Z T M N E
I I P O N B E L S A N K S V L S O L Q
E C H G M F I C H Q T E I U Q T S T V
T Y M Q N I I O K S N Y C Z T Z N N L
H K X I T T C B T U N L Z J M J O Z S
G M G A E A O R M I A S L E N Q I P I
Z J P N Y N C M O I C M Y S I D Q A G
P N E D N A I B B S P S K S I R F T V
K G O A P S Q O F C C R J J Y Q H S
N T I G A A R L C A X O T C O F M O X
X V T P U C X T N J G W P X Q J D G M
R H E U I Y Y L X O S R H Y A M X E A
X X F M P Q P Z J Y R H K T I L N N K
S Q M Y Y E O H T O I Z R D A P R J B
```

- ANTIBIOTICS
- GENETICS
- INFECTION
- MICROSCOPY
- RNA
- DNA
- IMMUNE SYSTEM
- MICROBIAL CULTURE
- PATHOGEN

Microbial biochemistry #2

```
H C R I X H P S A Z J L T O I C A Z Q
O G E G E W L A O D F U B G Q Q U M N
A D P P L N L E T H A F H E D X K O X
A S R B R D X V R H Q P N S H R I J Q
P T O F F S V O B L O D T D T T O C G
I H D C S J I L Q P Q G X A A J N Z F
P D U T E X R U A T U P E Z T Q V D N
R X C Y L B U T R I H N I N A I W L J
K V T M T O L I V O Y N L J E S O F E
M G I I E I E O O C O G O W R S Q N W
Y U O D G W N N B L S R T M W Z I F A
T X N S R R C O O T I O Z R N B Q S S
I X I F G D E C N H N W A I R B K G P
U G A U V R X O B F G T H Z D P O Y T
L J H D P S I Z S S R H C W C Z S K R
J D P W H B I F P T M O D B M R C S H
F V K V M G K J P Q P H D U Y W H X B
X H Q Y S D Z F P G E M D K P M B A L
L P S F G J H D E C J Y J S T X J Q L
```

- ADAPTATION
- EVOLUTION
- PATHOGENESIS
- SYMBIONTS
- COLONIZATION
- GROWTH
- REPRODUCTION
- VIRULENCE

Biotechnology #2

```
W O G L Y Y D F A B L Q V E P V S S Y
Z A E Z Q F F D E U D B B H H C R G B
Z U N G R V G Q O B P U U Y I O O S N
B M E P K W S R Q Y H C H T S L N S G
F O T T F D X V L S U K A N O O S Z Q
D L I P L O E A Y T I M E I I C Y A S
A E C H P D J Y N I R S B T I L N F W
T C M S D G O A E O O C A M S T W I P
Y U O X U D F V F I I I O L L T O Y N
S L D G T A E N B T D E E N Q C H H W
E A I K O F I T E E T U E I O A X R F
Q R F Q T O G H M O F R X N S W G N X
X B I Q I M T E R O B D O J R H A H V
G I C B H N R P I M Z T K K T P Q E J
P O A S Y O P B O Q K B C E K G F D S
Q L T S I M T A K H L O I J H W Q C R
J O I B E N S D P S D R F Q I Z E K
L G O X V M R Q K V J E X R T F L P M
W Y N A B S N S Y L M X C R P L N Z R
```

- BIOFUELS
- BIOREMEDIATION
- GENETIC MODIFICATION
- PROTEOMICS
- BIOINFORMATICS
- BIOSENSORS
- MOLECULAR BIOLOGY
- SYNTHETIC BIOLOGY

Organic chemistry #2

```
I C N J C B J Y U E S O J A E D G C K
Y X S B C A R B O X Y L I C A C I D S
Y Q T I A G A K P B W B K K C T K E L
Q F G Q P U L Q Y R P A I D B H M M S
Z U Z N G K D N T C F Q G C S N A J X
T N D T S C E R X H I O J U U O A Y X
W C A M U P H P J X S B M X J E L H A
M T Z G N Y Y W U J O V Z H Y Q C V K
C I P S V N D I Q H M M L M M L O W Y
J O F L E G E O C R E W G B R A H L P
Z N R T P J S H U I R F P C A W O E P
U A D X K K O M L P S K F C N B L Q M
E L N C B M O S P X R E Z V M O S J F
V G G O D O E O E Y B T B G Z H N Y S
E R Q M L E T H E R S O J N T B V J N
U O H H H Y E R I J V N N D I G A H J
G U W K I M M Y D B S E M L H C C I S
J P V W F P X R V S U S Z H I K J O W
T S T E R E O C H E M I S T R Y H Y G
```

- ALCOHOLS
- CARBOXYLIC ACIDS
- FUNCTIONAL GROUPS
- KETONES
- ALDEHYDES
- ETHERS
- ISOMERS
- STEREOCHEMISTRY

Laboratory #2

```
A W Q T R X V X N R K V U X P E G B F
N R C F C P A M U F D M I W T R F C Z
B B F S Y V Q P O Z U I V R I A H P N
W R X T V K H B Z M G C L V Q P U O G
P F Q X N X I U P N L R K C S E B H R
E R H C X P U K Z O A O Y H M T U S S
D A U W V I K B S L S S O L K R N I T
Y K F C K P X Q W A S C H C N I S C E
D Y X A U O H V E B W O M T S D E E R
G T P I P E T T E C A P C N S I N N I
N I E Q G C J U H O R E X I W S B T L
J T Q S I R N A B A E K C Q Q H U R I
U O N E T G H O H T N E E K W V R I Z
D N B Q V T V M T F U F K P J H N F A
A B R E E H U A W E K C C M I E E U T
U K H I H Y J B F L B L Y Q U R R G I
B S S E O S B I E V J O Z L V T S E O
S X U X V P S T S E F C O Q V N S A N
L X G W S S U F X G O X T K H Y N Y Q
```

BUNSEN BURNER
GLASSWARE
MICROSCOPE
PETRI DISH
STERILIZATION

CENTRIFUGE
LAB COAT
NOTEBOOK
PIPETTE
TEST TUBE

Genetics #2

```
N G R E G O R M E N D E L K G A L P M
L O M D X V M T T X K E U W N D P Q T
N D B Q S T W T T Y P N M D F G G T F
A Q Q R A P I N X Y H T G B T E E T Q
H Z C Z J R A B T Y G N X H D N E G S
U F E A B P P O P Q I B D O O R R H O
T C B W W F N F K D G H C I A O R H Z
R H W R O E V B O C S C T U X B S U H
A E I R H Z L C D A I A Q G U G F O S
N R P P Z H N F T T L S M X W E A G S
S I E N Z O B B E S T W I S U L I V P
C T T X N Z Z N N T N V Q X B L X X N
R A Y U K G E A E R L O I G X C F F H
I B J G H G R N F R I T Q S J D P N G
P I T S O T N B K Q V O L C L J O Q G
T L A X S U I I I E V D Q L Z L A L X
I I P P P X B G E N O T Y P E E D M N
O T T T C T G U O L O O Z R E W A I B
N Y J X B I M J A R E X D R Z G L L E
```

- GENETIC CODE
- GREGOR MENDEL
- NON-CODING DNA
- PUNNETT SQUARE
- TRANSLATION
- GENOTYPE
- HERITABILITY
- PHENOTYPE
- TRANSCRIPTION

Genetic Mutation #2

```
I N S E R T I O N P K P H P Q N Y R I
D F X H Q S O M G V D O G F O U A Z J
D N Q Q J Y R N J Z K E D I E N U T N
C M T C N P Z N V T K Z T N O F Y M N
P T J C M O P R V N E A E I L O C O Z
G S C V R M K F J R T G T D T V I H L
W X L Z S E N H U U D A G F W T K Q C
S X V G M S X U M P T D S J E W M E A
I G Z T J I G T C U A T M L B Q G Q X
U B O B E F N J M L K F E X C E A T H
B O H Q K I Z O N S E D T Z I W E J D
K S A H O R D W R I J O D Y O S T O Y
A L K P K C O I F L O S T W H P W A B
Q C D N A S E Q U E N C E I S S W Z S
S M I S S E N S E N U H R I D P K S I
Z O B S A L Z S X T N Q O L X E P Y V
X U M Y C P F R A M E S H I F T S A Y
A F L I B Z H Q C Q R Q U R F E H K F
F B H H M C Q O O T I B G D W Y U V I
```

- DELETION
- FRAMESHIFT
- INSERTION
- MUTATION
- POINT MUTATION
- DNA SEQUENCE
- GENE
- MISSENSE
- NUCLEOTIDE
- SILENT

Evolution #2

```
H Y B J P S X Q E X T I N C T I O N C
S E L E C T I V E P R E S S U R E Y P
D G C H H F A I L L P Z W X T X P Y D
K N G N D Z H G U G P L Q F R Q G F Z
Q L C E F K J J Q W K B I V M O E B G
O P G U N M H U W M R R L X L O M D M
A R M L I E T S G S D W P O I B Q C K
H V Z D D S T Y V C J R M I K J G P V
J B Z S X Z X I I O U O E U S Y E B A
Y Y K N K P N T C S H S W J U C N H B
P A B E L O E S S M N Y U Q S V E G V
J X P A W N Y E O N U X N S T R F O C
Z A Z B E V N V C V W T W N L C L A P
Z N A G M T Q F S M X D A U P I O F D
Y S J S I O X T G W Y Z U T Z G W X A
D A J F T P O I A E X S Q R I B L A Q
D S P E C I A T I O N S Y E Z O G T D
H R A Y N B H L C N K R R W A G N W B
A I K Q H V B G X O L W P O W Z N S Z
```

- EXTINCTION
- GENE FLOW
- GENETIC MUTATIONS
- SELECTIVE PRESSURE
- FITNESS
- GENETIC DRIFT
- HOMOLOGY
- SPECIATION

Ecology #2

```
O Y U Y K B I Q Q Z E Q K A Q L W S N
D P Y U N U T R I E N T C Y C L E E A
U H Q W B L K D C Y X X L U A M C P H
N A D A P T A T I O N P G E O N H U E
E D Y S C B M H Y N J U C I E J D G C
N A M Z Y S I T B Z E N B D F S J L O
E T E U L K C M N W E Y N P L Y S S J
R Z K V J T Q R B I Y E O S X M U V K
G Z W P G S O C L J P M C T S B R G I
Y A B H J A Z I W E J U G S B I D X E
F H T X L B S R D S Y B J O X O W Q P
L Z W K S E I R A Y E D Q J H S Q M U
O F C H R J E L I W R O R B B I F B I
W N O J W T S F D M B C T B J S J G O
U A G F N V X O S G W I G M W G J K V
B S Z I O H O T H L H K Y M U H L Y X
P H W V A F G O Y W S M Y S Q I I F S
D H I N V A S I V E S P E C I E S E Y
A S B R E E T R O P H I C L E V E L B
```

- ADAPTATION
- ENERGY FLOW
- INTERDEPENDENCE
- NUTRIENT CYCLE
- SYMBIOSIS
- BIOMES
- FOOD WEB
- INVASIVE SPECIES
- RESILIENCE
- TROPHIC LEVEL

Periodic Table #2

```
R R S R G K A U P N S U E Q M F D F X
L M I U L V Z P P Q U X S J N U T P Q
Z V E R X K S Y U V Y R G N A S H S P
R A C T V B B I A M T U X I L U L V W
G W C J A R Y P Q J M H U A M A A H I
P L L T V L S W N J J T K T S W E K
I S F A I J L D L O Y E V E P Y S U M
W W P U N N H O O L M I M V T H N F T
K E D L M T I H I I A N B W E I Y M E
M T A I T B H D L D O E S I W P E Z D
C R E D V W Y A E N S F L P Y X H P K
E Z V J M U K P N S A Z V E V C U L T
A A O P P L M P W I I A R I S M B J K
X N B V A G I A D G D W S W O G R M I
Q T G N O B L E G A S E S U X T S D R
Z B G C G H Z V G Z B S S S M M S W A
C N T R A N S I T I O N M E T A L S Q
A L K A L I N E E A R T H M E T A L S
M W N N C S N U S Y H W G B Z X A F S
```

- ACTINIDES
- ALKALINE EARTH METALS
- METALLOIDS
- NONMETALS
- ALKALI METALS
- LANTHANIDES
- NOBLE GASES
- TRANSITION METALS

Famous Scientists #2

```
T L Y R W L U P L X L H M M B T R Y J
E Z I U L X H M P M O V E T F V V R T
G N X H N X O I A R P Z R S F Z M T E
S V T O J S H G Q X S Y Y V C L N Q A
H B O H R H D G C C W Z J M A Y U F H
U P O C R I C K V Y H E H R C Q L F Q
L F H I F L A Y U I H I L B Z X P U Z
L W O D R D E I S L B B V L R L S K X
Z X B G A O B J N S J O J V R T T M Q
A A A P N Q D K G V L U E X U C W E Y
M D A L K Z L Q E V C E K M X W N W N
L C O D L M F Z A P L H M W I P L A X
I Q C Z I S Z P N E L Z N T C U V T J
B Z H G N A O S D S O E N X U M V S F
O D W Q N J P N Q Q U K R X O L A O H
X E Q P C O E R U T H E R F O R D N O
I U P T C M X S V A F N N J L U K A B
O P V Q L Z M O J T P V Z Q Z S W K D
O H T X F Q V K Y E K P K H J V Q B I
```

BOHR
FRANKLIN
MAXWELL
PAVLOV
WATSON

CRICK
KEPLER
MENDELEEV
RUTHERFORD

Page 56

Scientific Discoveries #2

```
D P Y N H N F B O E M E H J P C I P N
T W X J V O U N J B N X S K L O M C E
H U N F O E W N W C C O D C A Q R L U
E N H E O K M T M F S P R X T H D Y T
O M H B G O J I Y O G L L E H R W R
R Y Z S L X D Q C T T A B E T S Z T I
Y F N B V A H O N L E N W W E A N V N
O V P A G B C A S B O E C B C I U V O
F V H J D C O K T A W T T H T V O E O
R I V T A Y J H H O D S M Q O L X H S
E U Q K R A W G B O M C T E N W I O C
L I H U K Q Q V L E L I R C I E I U I
A Z K B M L F G B H M E C I C G U T L
T O R M A I M D B Y B R S B S P V G L
I J N Z T K R O O A R B N A O P F C A
V C O T T B I G Y W J R M T H M R C T
I P R E E T A E F T I Q X C A P B T I
T J H E R D W U Z D A M V J N S K W O
Y C L O N I N G O F D O L L Y W M X N
```

ATOMIC BOMB
CLONING OF DOLLY
DARK MATTER
MRI
PLATE TECTONICS

BLACK HOLES
CRISPR
EXOPLANETS
NEUTRINO OSCILLATION
THEORY OF RELATIVITY

Occupations #2

```
T M P R K N U T E E H U R O S I K Q O
G A B I O T E C H N O L O G I S T M C
W T T X X E F A S M X H A I O Z W P E
A E O P F W P A V B S K Q B O F Z W A
B R Z K A M U I H H C Z Y U X O Z F N
B I M A R L U W D K V P S I A A X Y O
J A O B P U E R Y E M Y K V G R Y B G
T L L C O B W O X H M R T Q P I F S R
T S D J H T T K N Z X I U D C H R V A
Q S G R I E A Z R T S A O O V F V A P
J C Y O W N M N T N O C I L T J Y X H
Z I B O H L G I I I M L L Q O G M C E
T E U H R C W X S S T G O J E G I L R
D N C M K B J H F T T T G G B Q I Q A
G T P Z M A T H E M A T I C I A N S M
Z I B P Z O O L O G I S T Q R S J X T
Y S J I F B Q F L Y Z Y M J V P T N X
Z T X Y G G L F P A R L D M G T U I E
S H M D F L N Z V Z P C Z D O M E X L
```

BIOCHEMIST
BOTANIST
MATERIALS SCIENTIST
OCEANOGRAPHER
ZOOLOGIST

BIOTECHNOLOGIST
EPIDEMIOLOGIST
MATHEMATICIAN
PALEONTOLOGIST

Biology #3

```
Z B L T N B O C H O X J N T V Y Z G R U B
U R S V Q V O I R U P F O B K S K O R G N
G R R S W S I D P D N K V G I N I K L L M
E P G P E L Y R Q I V O U V L C C I Z A W
N N S J H S K J U P O P U L A T I O N N F
E W E H Y F J N U S X J V O I G S R V A W
T Y N A A S G Y B C R A N R F D Z A Y T K
I A B E V Y F L R G H Z B D G J Q Y G U A
C F T I D R C E X M U R W Y S R O A E R T
E A K N E Q U I M S T K O I Q F L R Z A R
N Q Y H T V J H F B O R S M R R E F A L J
G Q Q E C Z F Z B C R A Q L O K E H X S V
I M Q R H D I D Q H T Y K X K S P P B E H
N O V I T P Y X V S G J O H S L O W G L D
E V D T H V W X O Q X G J L B A U M R E I
E V Y A J D Q E Y P T N W M O G T B E C O
R J Z N I G M I H V C N G X V G I O Z T G
I O L C F O R Z M U T A T I O N Y H C I D
N C R E H R W D H E R E D I T Y X X D O C
G Q L D S W J W A Y X J A C B I A H Q N V
I W M V O P I I Z C X W L M Y Q R H L P I
```

CHROMOSOME
GENETIC ENGINEERING
HOMEOSTASIS
MUTATION
POPULATION

EMBRYOLOGY
HEREDITY
INHERITANCE
NATURAL SELECTION
VIRUS

Chemistry #3

```
A R D R J V J C F P F O W W L B Q J I C V
N V W B N S X Y D S P E C T R O S C O P Y
A J L Q U A K P Q V U X V D Y B P G V P O
L Z U J C M J S V S Z J S S G K N S L Y U
Y V U D L F Z D L E O I C O F R M A I M Q
T L I H E P T A R H Q I F H Q C R W C R Z
I N Q S A A T Q W O T U D W Q U W F O I H
C P F X R H F T P E A K I H Y H T L B O K
A J O T C A Y V N N R D O L L B H A O K V
L J B I H A U I D R X G Y L I T T A M K K
C V E H E X K U C O Q H C P C B H F S J Y
H B U K M I B Y E M G M S A O B R Y K W K
E E I C I C V T H V F U A G T L V I K S E
M G S Y S F B S F F I U B J Y A Y V U A D
I N O T T J V K K F O J M E V R L M A M L
S D T M R Z B V V R X I L Z N V Y Y E T N
T S O T Y M Q O R B Y Q T I F G D E S R V
R S P U G Q U D I E A F D J N M X Y T T N
Y Z E M E L E C T R O C H E M I S T R Y Y
J T V M E M R F T C C P H M P D E J Y U S
M M M P Y Q U U Q U S X S Y M N K V S B O
```

ANALYTICAL CHEMISTRY
ELECTROCHEMISTRY
ISOTOPE
NUCLEAR CHEMISTRY
POLYMER

CATALYST
EQUILIBRIUM
KINETICS
PH
SPECTROSCOPY

Physics #3

```
L R Y W T V Y D Y J B N Z L H C X A F Y O
M P B S U P E R C O N D U C T I V I T Y Q
F J G S K J S V V E K H N Y I O Q X K K U
U L T K Q V H X X E R A I Y N J Q J B D A
P Q U V O U V I V T E Q I Q E Z F R E G N
U D R I S W A Z A E I Q G K R W U L M R T
W L P G D H O N T S C I Q Q T Z Y H W A U
G A K P C M F C T O T X H K I R H J T V M
Q G D M O M E N T U M R E M A U Q S C I F
U P C K T E P C F K M I O I A I K O J T I
K E X F E V E I H R A P U P H T K D X A E
U I D F L I B W X A I G H D H P N E C T L
O U F Q Q V S B M D N C M Y R Y W H A I D
S L G V P P O P C W G I T F S I S E C O T
L K Z Y U G E S N C K X C I W I H I Z N H
N U C L E A R P H Y S I C S O V C J C R E
Y I S E K P B Y H Z G D H H N N Y S I S O
O B B L N I A O K I M L K P Y X S B X Z R
K F A E M H E C A X Y Y B L Y N S A E F Y
D C H U V F Q Y R B K S U P V Q W J U B C
P J J F P N H D K M M J Q D C R D C T E O
```

ASTROPHYSICS
FRICTION
INERTIA
NUCLEAR PHYSICS
QUANTUM PHYSICS
FLUID MECHANICS
GRAVITATION
MOMENTUM
QUANTUM FIELD THEORY
SUPERCONDUCTIVITY

Physiology #3

```
T A Z C H N P P K U U Y H C Q T W G S K S
Z W X Z I C U B E A L M V R U K W G A E P
K O B K W M W S R F Z F P P J N P C C C I
S X N E U R O N A L S Y N A P S E N S T L
W K A Y P Q R O Y X S K E L E T A L S S W
T C D T N J I J Z O N E S N M L O U E S F
H Y A O B W T P K D C Q V A A T A J N J K
I E M I U K A L X E N W X B R W H V D E J
M E A U H D H P N H S N E X E K O D O N R
J Z U L X H M U M L X S K F Q Y D V C D E
L Z S G V I M Q C O A H D W D I P D R C N
A D Y L A M O U U B T S T P B W X D I W A
L Z D O I L V R D U M O J I D T B Y N O L
X A L I I R S I K I F D R X A M O O G F
B G M B V M C U D E S N S C X K E C L V U
N K F O J A Z X I V D T P V O J K Z O K N
U D C C C X L Y B N U M V R M N X D G Q C
B A W I B D I K O E J V A S Q C T C Y C T
A N F R Y F Z G P Y Q V F L M B F R L N I
E N E U R A L P A T H W A Y S A G Q O B O
L R R A V M J G Z G Z K O R Y N C S J L N
```

ACID-BASE BALANCE
IMMUNE
NEURAL PATHWAYS
RENAL FUNCTION
ENDOCRINOLOGY
MOTOR CONTROL
NEURONAL SYNAPSE
SKELETAL

Earth Science #3

```
J G C S L R M D C G B B C O R E U Y Y G R
U F E H E C F I C J Q G G C K E U C J L V
P A M O O I E H J R Z C I N J G K X G C H
Q A I P L V S N M A U G J V E C N B A O A
S Q L Z Z O A M C I V S P B R X N G N N Z
Y M M E A C G Q I M S C T A O Q G C Y T W
M U A V O N O I I C E U D S S L I F R I T
T B N C E N T C C N A X E W I T P T L N W
W C T J V M T V W A Y C J U O Q G Q N E X
M I L T N W G O J K L G T K N F W F O N L
S T E P K E Q N L Q B T W I U G X H B T P
P U U E D A R T R O B O I F V M J H V A D
S S K R B T X Z H N G P Y M Z I H L P L N
X E D Q C H M U R W Y Y V E E L T L K D Q
R V E C V E H B P X Q O M T L S C Y I R G
N G I E E R K F X T E K K Q L P C W B I M
Q L A C F I X R Z Q N K N H J T J A I F L
W P A O P N U O D R F A U L T N S N L T O
Q D Y I I G W G W C P I G H C W H V C E W
V C M X A B Q R L D G P C R L Q J P S A L
U D S K K N N Q C W P K A V S H X W E H M
```

CONTINENTAL DRIFT
CRUST
FAULT
MANTLE
SEISMIC ACTIVITY

CORE
EROSION
GEOLOGICAL TIME SCALE
PALEONTOLOGY
WEATHERING

Astronomy #3

```
W X S Q L K V X A G E B A D F V N J H O B
O J O Y I H N J I W X W F L L Z N U S I L
B K L L D L G Y D E F A S A Z L O B W E H
R A A U T I K G P R M S I Q T H S N J G H
F Y R K A M N M C N B T Q L O B O Z D Y M
W J E U I A B M K O S R H S U R B O E Z N
M Q C S B G W S F E F O N I T F J T T A E
P U L G S E Q G L X L N H H E B I A K Q Y
G N I W L A Q E L R S O A Z X L G U N C E
J B P P H K C U U C W M Z U L L Y N G Z K
J G S O V W K J N G G I Z E M B M D O D F
I B E I U X F U A M W C T F U W V R T A Z
U I N O M Y Y Z R M T A W G Q C K S V R D
F W E W P X B N E N S L S M L J N I C K N
Q K D I E B O O C S C U G I P K U E N M W
X N T K O Q U H L O C N J S B N R O Q A C
J B Q E C K C V I G F I I P W Q Q G X T O
A Y J S I O H Z P R S T N A D V E S F T N
K G R A V I T Y S X U U B T M U H I B E U
V B H W Z Z K Z E P U U H Q K E G G W R I
L L Z W T S U R W N E T E F P V O A X O E
```

ASTRONOMICAL UNIT
CELESTIAL
GRAVITY
SATELLITE

BIG BANG
DARK MATTER
LUNAR ECLIPSE
SOLAR ECLIPSE

Scientific Method #3

```
Q D X U R E S E A R C H D E S I G N K O U
H Z I F I P B I Y B T U W G S B W N D A T
I T N V E R I J J M G B N R E V O P V G Q
N N A I D T X V V W D L K A T I U P W E D
J Q R W Q Y Z T Q W N S A V T O C N L J Z
B B J H O F F R W X I A U S R O C P F X L
K L Q G W E O B B I Q M E G W L M O H P D
J R Y A X U G O T W O U L X Q A M I S B J
Q K F X S G Z Q L W Q A Y A S B N U G D K
I L E C N P U L I H T P D H Y V Z O T D J
Y N G B S C R B C N J D V N T T J T C C R
J P I V O S D R E C V L O N W L Z R E P B
W O S J K K A M S U T I Z N K B H O H B W
W R N D U E I M K J T N K X R N C E Y I E
L N A X S R J C D C B C T E J E T H A A V
K U G E E V R K I X O L J A X U T U X S L
O Y R P V P A D I E Q S G S K F X H T G G
O D X A L M E M M D W N V J F J C J I I G
K E A P V R C C Z E M J V W G R Q N U C H
W L L T P E M G F L H S V F F F Y Y V R S
B G V R A Q T J N D P Q P D L H O U B J C
```

BIAS
ETHICS
PREDICTION
RESEARCH QUESTION
DATA
EXPERIMENTAL GROUP
RESEARCH DESIGN
SAMPLE

Electricity #3

```
O S S S D O U W Z X W R H Z K R H U I C M
J B T K V O N C A E R W D W E F Z A N Z V
A E A H E M Z K M L U O G K P W N L W S D
X D T I E W I Y F D R Y A C A J Y T K K U
G N I J K Q L E S S A E Q J M G P E F E D
Y G C R X O B N T C R F P O R V C R Z X Z
H W E J E I A G H B D G H E E U N N P K M
Q I L B J C Q Q T M P K N M T W Q A X T W
V K E S S W T I Q J E E V O U Y G T M W T
J G C I A G U C E J L O L T V P R I T U S
M L T K R C U K U A A S T O K H O N Y H Y
Y D R N R S W O C R R S J R U R U G W P O
E J I I N Z H I U F R C J E P U N C Y P X
I G C J H H R G G H C E G Z O U D U P G O
F I I J B T Y O Q A C B N W F X I R M Q W
Z I T W C B L C L N J A N T Z S N R F A K
R Y Y E L W P B C U P S H O C K G E D K T
Q R L E L E C T R I C A L L O A D N V H H
Y E Z V O P T Q J S J E O W F Z M T A B T
G N W X X O U T L E T A Q J H A P P N K L
M E Y N X J U S I P I Q R C G R D U H C C
```

ALTERNATING CURRENT
DIRECT CURRENT
ELECTRICAL LOAD
MOTOR
SHOCK

CIRCUIT BREAKER
ELECTRICAL ENERGY
GROUNDING
OUTLET
STATIC ELECTRICITY

Solar System #3

```
F U O B N H L P N A Q A X S J J F J U R P
I X E S Y O N P I Z A K T J H A Q L K I C
P E Y B X N Y X T J J E Y H P Z E E C P C
S V H A Z S A G N X N W S R Y D J D T L A
T B M H U N D K R A V D H M O X M M G A X
B U F N L G E Z L S O W I M Y X A W T N L
J M A T R R V P G A N O C F S E O Y G E N
I R I N H C R D S Y P I R G E C M C A T D
U A Y V B E I T H P R R N T Q G J J I A Q
J F X H N Y N G T T L I R A C V N U R J
Z J B N P A H P N J R H T F T L W O L Y X
E W I I I G P E Q Y T W T F S O Z Y O V
N K I G W Y C J R N J Z K P I S X U L R J
A B S U S O C A N J O R Q M F I S Z D B V
J A T V I G T O U T E R P L A N E T S I R
G K O L W E W J C L G Y N J I R Q I I T T
C V E E N O J K B I N R W B X H T C E S B
W H A A F S R P F F U A E B W E R J E Q J
P V L M B H Y G P T M S N L B H O Q S R H
P P R F A D Q S A Y Q A K S M P Z S V I T
V L T E R R E S T R I A L P L A N E T S M
```

- GAS GIANTS
- INNER PLANETS
- OUTER PLANETS
- PLANETARY RINGS
- TERRESTRIAL PLANETS
- HELIOCENTRIC MODEL
- OORT CLOUD
- PLANETARY ORBITS
- SATURN
- URANUS

Atomic Structure #3

```
C V O U Q E Z L O Z S D C Q H X I B L K Z
E T I P Z I K O A S I T V Y Z N Z O F I E
L N I N X P X X C R N P C A T E T E N A V
E U O J H I S O T O P E P R T L B G C C E
C C A Z K U X X X L B B E A A I K C F L K
T L F C N N A K C Z G R T P G K H I F U O
R E E G F G C X P M Q S N G L K A B U J E
O A F A Z Q Z A Q Y D I V P N Q O I Y T L
M R Q E T N B K Q E F O O G A H T D A J L
A C N S R D R T T C A T I O N L Y T E H A
G H B M A R I I I T K Q K L A F S U M C W
N A J X L E C T S P T K O T K D C U H D A
E R Z R M X J R Q Q C Q I J N R B S R G K
T G R B E Y B M M F E B A U O S W N V W Y
I E Y F I G B R I R R I O C K L O N X H X
C T C O W U G H Q O X R F T T I Y J S A X
F X Y E V A O X T L G P U Y N I Y F K W R
O G K H B F E G L M T F Y A K H Q W F N Q
R A G J B Y C K Q U X G G Q Q N Z S N F Y
C V P D Z Z H I W X G D B X I X S U W A D
E K Z Q U A N T U M M E C H A N I C S R C
```

ANION
ELECTROMAGNETIC FORCE
GROUND STATE
ISOTOPE
ORBITAL
CATION
EXCITED STATE
ION
NUCLEAR CHARGE
QUANTUM MECHANICS

Marine Biology #3

```
W Z Z M A H I M O L L U S K S Y C A X T L
P H J Q M D D E N F T G J T K C F U P O R
R C Q X W W C Z A G E S J X P M P P X V Y
T K U P D P S V N T E Y K N I Y V O C B I
B X N A Z D M N O W Y W S B R H P T Y G X
D Z U J R M A R I N E P O L L U T I O N T
W A N I X G E O V B X F L C L A T P K W O
B V B A F J B N C O W Y N S T W Z Y O P K
N Z Q W X C L I M A T E C H A N G E C C N
M O M A M D J Q H E R A H A Z L S R Y K X
O C E A N Z N B J L M Q D X P G Q E S D D
T G F T O B T A U U U K U Y K O R P M A C
E R E M H B Q W A P M B R S B Q U T D D Q
Z Q R A P E N Q X A N D M W U Q M I F K R
Y U V M H U Z E J X B W K P X L I L X P F
B X F M M J N K B S M H C Q T O I E X Q U
U W D A N X H K Q D I R N A Q D K S K O X
A L J L R E S E A R C H G W R Q Y E U P D
G F V S I A E X W E C O S Y S T E M I P N
C O N S E R V A T I O N C S F N U S C Q X
M G I W X V M P Y O H U S T B B R I G M G
```

- BIRDS
- CONSERVATION
- MAMMALS
- MOLLUSKS
- REPTILES
- CLIMATE CHANGE
- ECOSYSTEM
- MARINE POLLUTION
- OCEAN
- RESEARCH

Forensic science #3

```
R T E L I Z U H P J F I N P Y R N P W M E
N Y A G X V A J M D O J E V C R A H M D E
V S O D U S J C L M F T P V Y X R P G I I
I E X U J P C G Z I Y Q P J D D C I N G G
M C E X O H H B E P X E F O O Q H Y T I G
D O F P C O E J I N V O J J F Y A J V T M
L R T O E T M I T Q E D K S B T E Q P A Z
J J H T V O I J F F W T Y C E V O Y B L G
Q O C X W G S D U M I A I I O A L T E F R
B L N Z K R T X H O T Y N C T T O K O O N
H Q I G Q A R Q X Z Q F J I S G G U H R A
J V M P C P Y X E X S O A P Y V Y G V E X
F F A W Z H U I A J J V I N Q J K S I N O
G L G L E Y P T R U N K A F M I G C N S B
X Z I E I Q K Y T D E T Y T N D W S Q I R
V I N Q L J E N A S O M Z D W I K Y M C K
B Q G F U G D W K B N N E T U C A S Q S V
M T Z E X P E R T W I T N E S S P H M V T
H J D D U D N U J J A C P T L H K U L Z N
R R Z X N X G N F P S J V Q W H T P W Q N
C A O U V U T P A Q J G L B X I V Q F I W
```

- ARCHAEOLOGY
- CHEMISTRY
- EXPERT WITNESS
- IMAGING
- BOTANY
- DIGITAL FORENSICS
- GENETICS
- PHOTOGRAPHY

Geology #3

```
Y J G Z C I P Y K B R N W F U E P P B G R
Q M J H I P K H F V I G N P B J K Y G M C
U U G Z R L G Y R A P M N Y H U G S M I K
M I H E C S V G T P V E Q B D C W N E N A
V E L M O Q G N B D I A T H F S N U P E A
Q U F B Z L U E J H X O K R K U F G H R U
T H F I Z O O B O M G E O L O G I C M A P
D I S T M B S G M L H P E R D L Y X N L W
N J M W J T X F I E O F M A R C O W R O P
G H R E J E D C O C Y G R C B O J G E G N
A R N D S E K X T R H N I I F N X R Y Y H
H N P K K C U V H L M A W C I F L G Q K S
R I F T R M A Q E U S A Z C P J F E K D M
M A C P Y Z L L J V Z H T A W R T I L F K
I T H F J P G U E V L S M I R K O Z P B K
L X F D J I I B U S Z D U X O D X C U F W
S K P V F I J M V T A L H Z D N H I E X A
H N X R Y U L Q A M I M A R R M D W G S J
I V W P F W W E A T H E R I N G K Y Y J S
H Q V W E G T D X A J L B D V F I Z W G H
Y M Z U U S V F R A T K C A X J S B V H R
```

- FORMATION
- GEOLOGIC MAP
- MINERALOGY
- PETROLOGY
- TIME SCALE
- GEOLOGIC HAZARD
- GEOLOGIC PROCESS
- MOUNTAIN
- RIFT
- WEATHERING

Microbial Biochemistry #3

```
O H B I T U E C A A E Y D P V C J W Y X L
P I N T B E F E O Z G G H M I Y X F N H P
Y X G S Y S T E M A T I C S N C Y T L S G
R Y T Z H N Q L J K G W D R R I Z W E H H
S W G P L K U A Q O P I V G H F N B H Q
W R U X D B B Q U Q H C P V O Y C O N J M
N A D H E S I O N J H V Y A C S I T W Z Z
A H B A Q E H O O P J G J Q I T U H A O I
U O N A V W E Y J O O E L S A O G R Z A N
P U J I F E E Z X L P X Y M G X E M J K X
S W U N V Y R O O F B L R Q H C P N P V V
K V Q O J B C C E P A O Z V Y B L G R O G
A I S T V D E M X N F G J G H I M N Z A G
W C J B S Y G H A S S A H J P L O I Z V C
A H Z C H H T E N Q D J H A B I T A T S P
A P M O Y Z S A Z U B A N H W T W C E K J
J M W X Z B R Z J F T D W M A G A X X Y A
E Z X M H T I Q M T W X E N O O J T J K M
J H M B L P H N X X Y W O S J H B P B C A
Z O A Q T S K A J L L I R I B Y S D Y L E
O N R P S B Y P I W L B W Q W G I K O W C
```

- ADHESION
- ECOLOGY
- SYSTEMATICS
- ANALYSIS
- HABITATS
- TRANSFORMATION

Biotechnology #3

```
F O D B N Y W U M L C H P G L L R L C U J
I E J Y C Y E E V L Q K E M N A T P W Y J
U B W R X A M J U V H S U O Y E I W Y V V
G I M G S T D J P F H D U R L J S M R V K
N O I E I T D O S L C J S C C Z S E D N U
B P D N O U E I C E L L C U L T U R E O J
U H F E D U E M F G I A M M F I E J J K Z
R A Z T U U Q P C X F Y H U F I E M R M L
E R Y I K Z S B E E Y T W Y M P N L H L M
H M V C Q Y M T O S L O A A G Z G J I K I
Y A V S E V V V R T D L Q T U C I X N I R
M C N C X D O A G I R U S Q V M N B B E Z
D E W R N R G C I Y A N X L T M E V I A A
U U U E N N Q C X K T L R U U B E L O H M
Z T R E H Z X I C F V U E F Z W R D E G D
M I N N U A E N E I I C I N Q L I Q T O P
A C I I Q N W E Z C X S C V Z X N O H G B
C A S N M D A S E S P X X P O Y G I I I Y
O L C G E X W K X M H R Z L R U M U C T I
W S B S D P R Y Q O H X X W X S I E S S T
P L Z H I R I S C O D X A P U R P U S U Q
```

- BIOETHICS
- CELL CULTURE
- INDUSTRIAL ENZYMES
- TISSUE ENGINEERING
- BIOPHARMACEUTICALS
- GENETIC SCREENING
- STEM CELLS
- VACCINES

Organic chemistry #3

```
N T I Q U T X X K T R Z N Y U N A V Y E Y
T U U W X E R J U M F U I M H U A C W V M
B G I B G Z K H B Q G G U I N A L Y W R W
U I J G C B W S T Q D E I S Z L P V S T B
N T H C C P J Z Y T B M W A M N Z N A B X
W B Y G P A K R K J Y N O I F G R N Y E X
T E H L L V O O I A E L I M I N A T I O N
R A N I P W P O L Y M E R S B H P H H L N
A P M O R S Y N H R R P X Z W H G Z B G A
D G H I A K U F U R Z F R E A C T I O N S
D I A W D I F F T S R U A Y Y Q I I Y F D
I V E G K E M L Q T N E M E U W G Y V R D
T L G B B H S P O X E M I S H E Z G B P A
I S R H X A B B Y G S Q N S T W U F S F K
O K D A F U L I O U T I E F E C G P L O P
N S E W G G B R W Z E X S T F Y B B H R R
D I E L S A L D E R R E A C T I O N X K M
O I L S I W P T O B S T U K U A W F T W V
K W X E R X G X F S U T R Q R M U G M P A
F C U D A L D O L C O N D E N S A T I O N
H L C Z Y N A S U B S T I T U T I O N C U
```

- ADDITION
- AMIDES
- DIELS-ALDER REACTION
- ESTERS
- REACTIONS
- ALDOL CONDENSATION
- AMINES
- ELIMINATION
- POLYMERS
- SUBSTITUTION

Genetics #3

```
W X O E Z U P W C B N M D C Q Y Y K D U M
K H Q U Z L G E N E E X P R E S S I O N E
T Z S Y O S S V L C W A L C N V M U L N
H M P A W V O Y N G S Z K P O A W J N G D
P T N L W S W K X R E A O S M M B W Y P E
V L V G Y G R H E E K N O R A H J Q U V L
Z L Y H J R X D D M S P E N E D R E R D I
S F P M O W R N B C S A D T T T I Y I V A
Q K Q A W O K T D N I T Z C H D T U R H N
F V A Z S D H N A X N Z B G C E V G L N D
G T R I K F G R D A U G T W Q C R E Y X I
C U D B N X T I N C N U O L X G D A M H S
J K B Z T O X I E I Y X T R N G E D P N O
A R N E R K B B P F E G I I U X G L U Y R
J L T T O M N P Q K S X T X H E E K X D D
K O E G O O A U A F R S S I C K N J C M E
I R P C Y M G L V R E U Q T O O O I K W R
R C E M Q U B M F T G Q P R P G M B Q O S
A R Z V K O S Y E M J N R D J Q E N S K I
M G E N E T I C E N G I N E E R I N G Y S
V Z J Y E X U R H I T G C D D Q V Z M Z B
```

- DISORDERS
- GENE THERAPY
- GENOME
- MENDELIAN DISORDERS
- RETROTRANSPOSONS
- GENE EXPRESSION
- GENETIC ENGINEERING
- MAPPING
- RECOMBINANT DNA
- TESTING

Evolution #3

```
A A V B R P H P G A N O D E U D M O I D D
H D D K V U J W Y L T J C Y G E E Z G C N
C O I A V U T W L L E A J T N S F O D P A
T O K V P E H X J E K T O X A B P Y H S N
X C N M E T S T B I D W O T P M Q V Y H A
X T A V I R I T Y C O E V O L U T I O N L
R X N C E C G V I O U Y T N R U Y D B C O
W U V R F R R E E G D N E M W U B W K P G
P E S W R P G O N R I Q U O O H X M U G O
J B Z R M C R E E T A A N L B R Q M Q K U
B M V X O F U Q N V E D L D B A L P L D S
U I W Z Y B D K Q T O V I O D V W T B F S
H K G N T D Z N T R E L O A R M H I J L T
K O I E A B D B F D M V U L T G C P Z K R
K X A E N J W W N X C A O T U I A Q R C U
N R I N C E L G I Q M W I L I T O N U L C
N R U Q I P P S W C M T U F U O I N S H T
D C U D V C C O J A X M T Z C T N O M S U
R W Y G F D P L O P Y F P M R J I K N D R
N I F P U K B F T L F D O F I X D O P O E
A H X S G F G Z M K Y P Z O W O K J N S S
```

- ADAPTIVE RADIATION
- COEVOLUTION
- DIVERGENT EVOLUTION
- MICROEVOLUTION
- ANALOGOUS STRUCTURES
- CONVERGENT EVOLUTION
- GENE POOL
- VESTIGIAL ORGANS

Ecology #3

```
F F N C N S J R L I E W H G M J A O N H B
K D G A Y L D C C Q Y U H X B E R K P P E
N V W L D M R E F O O F R S N S T F V H N
A B I D P K U F C H M A L C F L J X U N D
H X K H C G P T C O I M N Z P D K G K V A
K L X G H O H X U E M P E D J T E S G S N
E B R H Q Y M D M A A P Y N P O S P Z B G
Y F U U R R C P U I L T O T S P F T L H E
S Z D F W M L A E E N I D S B A M K R F R
T Q Y Z L A T B Q T Y W S O I S L V W K E
O D L S L F A K G L I H W M I T T I I X D
N X C T V F J W U T J T Y T R F I Q S J S
E E C O L O G I C A L N I C H E U O I M P
S A Q N J O C E H I C S H O B T K J N V E
P U N E L R F K G C A X P G N X T F E Q C
E W F I F A G A V R K O E C M Z S O Q W I
C G B Y K N U P A S P R E D A T I O N G E
I W Y L J E Z P W H Q I Q K L I T B F P S
E Y V H N O V J K Q S M S S Z W O U K I C
S H H E R B I V O R Y E Q Y P Z B O G R N
F D C X J S C M H A A W R P Y E I Z W X I
```

- COMMENSALISM
- DECOMPOSITION
- ENDANGERED SPECIES
- KEYSTONE SPECIES
- PARASITISM
- COMPETITION
- ECOLOGICAL NICHE
- HERBIVORY
- MUTUALISM
- PREDATION

Periodic Table #3

```
L S E Y C M F Y T F T T K N D Q Q A O E T
L I U T C D S W W D B P W R V F Z U T L T
E E O C W Z E Q Q L X N F U F P C R B E S
L W C N B U Z I Z K K I B X W Y O V M C H
E W O D I K U A W L W B I B T P H V D T S
C P V E Z Z F Z W E T L A W W Y A S V R W
T E Z H Q V A F J Q X F I T Z A U X N O H
R R L B S R H T A I L D I E X L G P J N Q
O I E Q C K A F I W V W O G T J W F T C T
N O K K R K L M D O Z N F V K P E I S O K
E D T F L S O W K U N Z E L V V N U T N P
G I Q W M S G X X Q W E J N I I I S B F E
A C I X U C E M P Z L N N A B D H F J I R
T T E W Z R N B X E I P M E A J B I L G I
I R F W G Y S M D A E J B R R U F J B U O
V E P N W L S N R D O Y C L G G Z G E R D
I N X B A P E U E Y E I C U L J Y X W A I
T D Y I P M O Y Y A M K I H G E X F G T C
Y B X A D I S C P O R E S A R O B R C I L
T X A V L H Z X T U B S Y U A U H V O O A
B B A I Q F H A E Q Y M I S L J H Z U N W
```

- ATOMIC RADIUS
- ELECTRONEGATIVITY
- IONIZATION ENERGY
- PERIODIC LAW
- ELECTRON CONFIGURATION
- HALOGENS
- MENDELEEV
- PERIODIC TREND

Famous Scientists #3

```
G R Z G J Q V T I F T C V K J Y M G H Q J
W N H J B F P G Q S D S V J I L E L C C D
I Z P U Y H G J W V D S B Y X T N X D I B
C J F V T P Z K E K G F E Q H D D I X D S
Q O I W R H C E P M E F N G M F E I I T J
B G A H W N H O L M P J T M O E S X T W J
S D Z A A A Y G M H T J L Q V P D J O U G
E E Y L Z Z T L X C P B S U P W A D C N B
T V P L A Q P S H I K T H L Y V C W S T R
W N L V J R M S O L N U C S N U O D O J H
Q L C A J T C O I N E H C H V S S P A R G
Y G U O V Y D H I I C X U Z R G T B H W U
N L E X P O G U I O J R Y B C U A Q U P H
N N E O O E I D Y M Z C I Q B X K C B Q G
M Y N I R Y R S J T E U S C I L C O K W C
U B T W B X S N I D Q D T V K P E P C O I
I C K T B N C K I E O I E Q V K B T W H V
M J X E E A I K U C R Q X S X G E O S O P
A V K M K X P Z M K U O U A R P Y M O U X
R Y J Z E C Q O H E I S E N B E R G T W E
A G I W F A Q N C Q F V A S H L X Y T C X
```

ARCHIMEDES
HEISENBERG
KOCH
LEIBNIZ
PLANCK
COPERNICUS
HUBBLE
LAVOISIER
MENDES DA COSTA
WATSON-CRICK

Occupations #3

```
D S H T P O P Q W K R X F C K K W C Q Q M
N P X O Q L D A Q Q H C J M B D F T C T O
V I F P G R W A P Q T F O O B R S B S Q I
I C O P A L Q W T N K B P O D I N I B Z M
R L R B X I G H S A K N A F G I C D Z C A
J I E M I U M V T L S Z H O Y I T A U G R
N M N E P O Z M I K X C L C S C I Z Q K I
A A S Q C C I Y U Z D O I Y U S W I H R N
P T I S M O I N U N H M H E T F I R G F E
X E C T D Z T C F C O P R I N X V T L F B
E S S A D E X O Y O R L N C Q T J O J D I
L C C T H Q M S X A R C O S Q X I I R J O
Q I I I W X P M E I B M B G I M U S Q O L
W E E S T O M L Q J C R A X I P G K T E O
A N N T V U C Y U D T O H T O S Z S N Y G
Y T T I Q U Y Z R D H G L W I I T G A F I
B I I C N P Q J K T H F H O F C Y H C S S
U S S I B N X Q I J M W W B G C I S G M T
E T T A Y Z I Q P E F Q K C N I C A J R A
M Y O N P Z H Z H E Z Q V S L W S E N P O
O X V L L N E E A O D N N G H G J T V E N
```

BIOINFORMATICIAN
DATA SCIENTIST
FORENSIC SCIENTIST
MARINE BIOLOGIST
PSYCHOLOGIST

CLIMATE SCIENTIST
ECOTOXICOLOGIST
IMMUNOLOGIST
NUCLEAR PHYSICIST
STATISTICIAN

Geology #4

```
S Y W F G X X S U Z H I U S J H K Y V T I M Y
T H C O M P R E S S I O N Z U C C H I P F S F
C K J K V I E H N P Y G Y H D R I W U W Y E K
I I C T D Q P W N H F F D Z D H M D O R X D P
V N N W U R Z O K N R P G N J H I X D R D I B
F C G M D D I S O J Q Q L G U M B N T G X M L
D N D O W S F I H E B H H L H Y C J W E E E T
I O O C O Q T I E I K Z G S M F F A F O K N M
K U B R Q A I T X J N N S N Y A O Y N L F T B
T P E G M V B A K M Z V I A L T R D S O Z B N
T Z N R H A Q Z H A Z I U Q I Q E T O G G V W
P C O X S W E B C X C S N L G V D U L I D D A
Y F U S T R A T U M B N U O S Q E H V C W Y I
O I O C W Y W R L X A S R E F Z P F W S K F Q
N S M G U S E T O P N C E U O O O Y Y T D N H
W D J W Q I Y M Y C J P C A Y P S J M R G D E
E Y X H W G C E S U V J K E N F I M L U W P A
R J G E O L O G I C D A T I N G T D F C P I W
B D D N D P A W U M C I S E N D K B N T I B D
T D I U V K A L T M P A H X G Z E Q J U I D C
A W G Z L R Y X V G B G P X K P R K C R U F A
D V U Q O R Z Z V M X J G M I T X R K E Q M Q
L U Y A O B D D L W O F S I S K U N U M I B A
```

- BASIN
- EROSION
- GEOLOGIC DATING
- ORE DEPOSIT
- STRATUM
- COMPRESSION
- FORMATION
- GEOLOGIC STRUCTURE
- SEDIMENT

Biotechnology #4

```
J R H E Z B N W E F V E A H W C C O Y Q G D H
V Z N U T R I G E N O M I C S K D W I C T F Q
T B R S M B I O M E D I C A L D E V I C E S V
Z M I E P D D T U O D A A J K S K T F U P L V
R Q N O R J K J I K M F A A X I T D Z I Z R P
V U N S P U L Y O D E W T C O X R K E I F T N
U Q A M J E N S H G E N O M E E D I T I N G H
L Q N Z N M S Q I B I Q D C L A O N K S I J L
E G O W A G Z T J T U C W L X A Y X C B D V C
W E B C W B B O I Y U S C N U Y R I M L T I L
R V I I X C I F B C H G B H Q U M L H A S J X
G E O X W V O G Q F I G E U F O H T U Y C P Q
Q M T S D G C Q O U Y D Y N N Y P K W T M V G
P I E T K E H J G N S E E E E T L G Y J R T U
U B C N U K I B P J Q X G S B T L T R F L D M
G F H W N R P Z X I C O G F A F H H G D E S U
W O N N Q N S O Q W C S U Q A W B E U Z C U P
U R O Q K V N L Z A Z G B I G D Y V R P S F X
V R L M D L N W M Y Y T U X J R Q K S A W W V
U A O M V N Q R P U I D E P T I A T U X P B H
N Y G C C T A H I Y M W A B U F F V V R Y Y Z
Q K Y M X H N K Z K M H T V N E N Y H Y P R H
T F G L P I P I L O L Z A Z D K D L Z D E N H
```

- BIOCHIPS
- BIOPESTICIDES
- GENOME EDITING
- NUTRIGENOMICS
- BIOMEDICAL DEVICES
- GENE THERAPY
- NANOBIOTECHNOLOGY
- PHARMACOGENOMICS

Organic chemistry #4

```
H G Q X N G W V F W G Q L R N X V K I F A B D
K V C O N D E N S A T I O N D G B P S M V Q Q
A C I D B A S E C H E M I S T R Y T A D R P P
Y A P O N Q P R E A R R A N G E M E N T E F P
M U W J R H H A C E W K J T I F B H N L R T G
N Z I J C F F P R P C B J N E M Q Z Z G D S O
R K T B E Y J S R E I W T O S M H W H N V E J
G Y T W O E H H N W O K J K C D O Z R O A C W
R E I N O E A G X O N C Q R E D U C T I O N I
M Y G Z H A Y F C N M H E V H E M N P M R V Z
J D R R Y L C V V E O E E Z C R X A A Q T M R
N T E O D P A X O C X K N N A P V B L P V O Y
N K A G R S U Z S C P R A C Y R C C Y R D N M
L S C H O Z U H H S C N F S L Z L A G C H B W
F B T Q G Z J F I Z O M P U P A C T V A Y M S
C J I H E J W H Y S J Y A G H K T B Z W R L H
W A O X N Y W U E U J Y G Z Q U B U K M E B W
K K N K A V L R H W H I W J N D U X R T T A J
L N Q W T X T C B L E A Z G A M O V W E D S K
F B J Z I W D V C T L S F L U L S D E W A O T
R S B Q O L O E J P L P Q L O X I D A T I O N
S X E I N O Q F F R V A O S H O P B U T W O K
O X B F K S N G V H J Y I W U S N X K A T W A
```

- ACID-BASE CHEMISTRY
- HYDROGENATION
- OXIDATION
- REDUCTION
- WITTIG REACTION
- CONDENSATION
- NOMENCLATURE
- REARRANGEMENT
- RESONANCE

Genetics #4

```
K A Q Z C F J W R T Q G M V C Q Q O R L H U G
H G I I L C D N A R E P L I C A T I O N E R L
Y E N D N Z P T B O Z I D N Y G M O O R Z Z L
H N H G K I U S I C A W M D O X A Z Q R G Q U
L E E Q W E L B M U A E T D W H Q S G Z O A D
Y T R O L A P N P O L Y G E N I C T R A I T S
T I I P L T H I G D B Y V P O Y Z U R A M B V
I C T N G V E T G K Y B Z P P O B V X G D D V
Y M A P I X J F N E Z F A R L C L R J N N F T
V A N X D W U U L J N O O Y N G U N O T A T K
V R C A K A L O P X P E U K X O Q A N S E V
X K E V N D A R M P V D T L J E B S Z T E K J
S E P C O U N S E L I N G I N Y B P X S Q F Y
D R A J O B W Y I Y M N B G C R R L J Q U P E
X S T R N F C V R J S M P Z B S O I X T E M O
P Y T R V G G Y T B E D P W K Y X C R J N N V
R D E B P E V M C Y F D N Y P M O I G G C V K
Q P R O T E I N S Y N T H E S I S N Z Y I C G
X Y N U H Y D A K B M T P H R L D G W L N T D
N I S Y K Y U D S A L A Q Q X N K S M Y G Z P
U R J I J Q W N P W V F X A J Z A N Z Q V O D
P S Q H P C W K N R F P V P U H K E I G Y I C
P N O O B D J G L I K R T U V Y W A B M J C O
```

- COUNSELING
- DNA SEQUENCING
- GENETIC MARKERS
- POLYGENIC TRAITS
- RNA
- DNA REPLICATION
- EPIGENETICS
- INHERITANCE PATTERNS
- PROTEIN SYNTHESIS
- RNA SPLICING

Evolution #4

```
Y S A L N C B E R I W M U N B J S Y W S L T D
M O L E C U L A R C L O C K Y X W F D S U R S
Z D Y A Q M T J S I I E Y X P D H Y M Z N V C
B R E A R B B H K F U D S S C F L A Q O B P Z
V S V P Y T O T P L F E J Z Z P K A I C D U N
J U M H S I I T I C Y C N S Q G F T I Y S Z Z
D A A U X C H F M E A E T L Z P A Z H V C R A
W B R T T R V B I D Y I U S W N Q L H O O J L
Y V K Q X A E R V C W I A X I B K Q J R O R I
Y L B D X D T G Q L I O K B Q D J S B S D O H
U X K P F O X I M Q W A M Z O S C M Q H C M Q
Y O W H M S S F O V M O L Y G I H C Y S Y I I
O X R Y U Y S E C N C T H S T K V V P U R T E
S O W L O R H J S E R P P S E M P I K T Z X A
C L M O Q O H G R O A A I O K L D Z S G T Q F
L K Y G U O E C E R V D T V Y S E D D H S I H
V R L E Y W I Z G Z A D D E M C G C X R D V R
F D D N C T Q O U L Z B I K Q O A N T Y D K E
X S K Y E A E H C L A M O G B K U P M I Z Y P
C O T N K G I U V D Z D L N U Q H L G Z O E P
Y A E H O F F W W R F K O L R I D G R O K N O
J G V I I B G Z D G A X W X J A B S U D L F J
Y R B N U O G E N E T I C V A R I A T I O N G
```

- ARTIFICIAL SELECTION
- CLADISTICS
- GENETIC VARIATION
- MUTATION RATE
- BIOGEOGRAPHY
- GENETIC RECOMBINATION
- MOLECULAR CLOCK
- PHYLOGENY

Ecology #4

```
O F P R I M A R Y S U C C E S S I O N S M Z H
B O E M S L E Z F R R N G V Q J E D G X M X P
R W S L Q O O Y I G T R Z O T N W G A A S A H
W E C O L O G I C A L I M B A L A N C E Q C N
B V Y K F N C L I M A X C O M M U N I T Y O X
N L I M I T I N G F A C T O R S A Y N X I O Q
D R I E U N M E Y L I J Z S E Y T E T S C T D
C L F R G Z W R S N E B L I T I R B S Z A R V
M R T J T Q W C F U I J C R S Q W E V L R E O
M Q S G E Z G Z D V C E O N Y N C V B A R J R
B R Y F O V X B J W P C E R I C C V C T Y K S
A O O O M U E P T S T D E D U O X X N N I R P
P N R V H B T K R P N D M S Y E D N R P N X K
X C I G O J G O F O X I Y W S W F B V P G E Y
X R C Z G R T K I E H R I K F I B G V N C J H
Y F I J V A V T S D A A F J A Y O T Q I A T Y
Z U O B C X A V E D C D W G U O G N W U P N U
P A W I N L H Y N L R H D Y Q B Q E G L A C C
K F D G U P I O N E E R S P E C I E S L C V F
N N J P P H C R G H A G Z W G G O Q X D I D A
I D O R F E V F F W R Q Y H M L A S T P T N U
F P X R S O C P U N B C N G E V N I J M Y P R
H J V D Q P S R P V V E G T I Q N L K X J K G
```

- CARRYING CAPACITY
- ECOLOGICAL IMBALANCE
- LIMITING FACTOR
- POPULATION DENSITY
- SECONDARY SUCCESSION
- CLIMAX COMMUNITY
- INDICATOR SPECIES
- PIONEER SPECIES
- PRIMARY SUCCESSION
- SUCCESSION

Organic chemistry #5

```
P N Z P K L D Q Y N Y L S R V A T S O B N D N M A
E C M O N K Q W N Q B B C X X C H W O J M K M E P
L I A X R Y A I K S Y M C L X Z C P E M R D L Y B
C B S S I G P K V T V W L C Y M W S W K W K U I Y
G W S Q J R A P R O T E C T I N G G R O U P S N F
K W S D K P H N Q J S C N J U F V A V F E H Y F C
Y Y P O V W E E I G S K X S T V D E A F F C L R P
B O E G P Y G R Q C E Z M Z X R Y N X O U C S A G
U R C C R T E J I D S R U W R T T J W Y P N U R D
E G T M E I I L G C X Y Z R I F J T Z V S S T E M
J A R J I O G C I Z Y S N L K P R R G A V J L D D
V N O E U F N N A S X C A T T P R P D D G W P S Q
A I M M F J Z O A L P R L O H H Z S F X V R N P U
W C E P E W Z W N R I E K I O E L R L T Q N E E C
V R T J B Z B Q G H D S C P C H S S P P J Y C C P
K E R X E R J B C M P R O T L R X I A X K E R T F
N A Y V B Z R Y D N H P E M R Z E T S H A L S R L
L C P B X E W Q N U E I A A E O A A G A R V V O O
I T V P O F N A X P N H H E C R S C C N P F G S M
C I Y K V B J V O H R T V W A T S C W T H E T C M
M O E O Y U B Q Z Z X Q I N P P I Z O W I Y J O N
L N K D N P L O L A A J M S G I F O V P C O F P B
B S S E K C G W R V I W V Z T O Y L N P Y X N Y J
B R U V R D D Z V G F Y X X K G R C Y R T U A S F
S H S U G K D K N X D H P R Q C N J I M Y S G P L
```

- CHIRALITY
- INFRARED SPECTROSCOPY
- OPTICAL ISOMERS
- ORGANIC SYNTHESIS
- PROTECTING GROUPS
- GRIGNARD REACTION
- MASS SPECTROMETRY
- ORGANIC REACTIONS
- PERICYCLIC REACTIONS
- SPECTROSCOPY

Hubble's Law

```
O T C H U X R I D Y S K I H M Z B W F W E O F B T
L U K M W K S C O O T W P R Q X E B B I J Z H R Q
G A P V R N E J B Y P V Y V U C S R O V P B V V R
R E T L Q P I C K R A P N R N I I O S X J T N X V
R L D G E F I C C T H W L A V E L O C I T Y A W B
A C R Y P H I O U I H B T E S H R E D S H I F T F
J A N H R U R W Z Q Q S C Z R O A U Z X Z V J T T
W E N D O C I N D I I P H R Z E A P C J V V W W N
Z U S J P T P R Z D E D S I G D F Z T P S R D D D
X S K O O K W U D L H Q P H U C O F Z J Y H Z I J
N C D T R R C V X Z K N F P G H Z B E P U D G V V
M L D W T G R U L G J M Q F S Y B A L C B Y E F D
D B O R I W Z L V R B J M B O B V T H A T H T T F
F O V C O H M X H D F C E Y H L J H O I Q W V Z Y
A P C Z N I E D W I N H U B B L E T V X P X C D D
Z Z J I A Q M Q F P O X V L R P Y A B R X S X M G
C V V U L B Q N S N Q R G P R U F O C I X N J Z Y
S J N N I E Y F S P F N R Z C E U P L G O C I K L
D G T O H K P L U U J Z H Z R T F V U M C O K K V
H I V I N X U O R M H U B B L E S L A W D N T C U
X R B D C Z V E X P A N D I N G U N I V E R S E H
Z X I X V G A L A X I E S O D X K E R D S D O X Q
K B O R C O S M O L O G I C A L C O N S T A N T Q
T Q G I K N A O W E X X R N G F W P Z E T U X H X
N O G Y J G F G C C H B Q I S I Y Y W V G M S C N
```

COSMOLOGICAL CONSTANT
DOPPLER EFFECT
EXPANDING UNIVERSE
HUBBLE'S LAW
REDSHIFT

DISTANCE
EDWIN HUBBLE
GALAXIES
PROPORTIONAL
VELOCITY

Photosynthesis

```
I K W X Y H A R L Q U Q I D D Y G N W S I A V U R
L E A L C O P J P O N I U I R L S Y O E W W S S N
F P M Q A R G F L V R P O H U B W H O W P T N Y Z
T Q N H R O C X J D N K H X L W X E S W S O B U P
Y Q Y D B J S O O G A Q H H P J I B K A I S X S L
E D J G O F G A J L S Y T N O Q H I L T O W S O Y
E I P Z N D Z J Y V U W F A R Q V P C J Y B N A P
G C X Q D U Q H S Y H P E E K D O A H W S Y H G P
V A G M I Q T Y L E N A G U S R E R A R L A U J I
E L U W O H E A T L T C H L O R O P H Y L L G M S
T V G H X Z V F O J H T B L T Q A N W H Q U X K T
X I G U I I O D P X T W H N B H S J Q O B S A I O
H N K M D M Z I H H Y C E M A G S H U Z U Y M H M
H C Y O E G M M G J F D H M M E V I D F N B L B A
F Y K H F L A I S S N Y R R L I X H H F T S L G T
J C O U T N L V W E Q G G V A Q G A R W D C A L A
J L U A Q N P D P N J E L Z W V Z Z S X T S Y M O
F E D Y U G L E W I S L T P B O T F U T W L U I D
O I L S D L D D G O O X Y G E N C M X Z T Q I Z V
V M E Z J T K P C G J J D C S X D T I Y E E Y H J
Q K U U H Z C U C Q I H M R H K X E M N Y N H Q P
H W G G D Q L G A Z K E R R D Q P G B B J H S I E
R C I U V G M U A L E D Q U B N Q J F L A K C F S
F L I F W O C V A Y F Y J G O D I B W F N X M N M
N O K Q F J B G A N M B U Q J V K B B P W E E G U
```

CALVIN CYCLE
CHLOROPHYLL
GLUCOSE
LIGHT-DEPENDENT REACTIONS
OXYGEN
SUNLIGHT

CARBON DIOXIDE
CHLOROPLASTS

STOMATA
THYLAKOID

Cells

```
O Q P N U C L E U S Z W T S U B X Z B N E B R X A
G M S J N C E L L M E M B R A N E D Z J U N H B S
D N P B P Z W C Z P D T V K N H N C D D N H Q J X
Y K Z F X N P K P I H N X E G E D K C T S J K E P
S B K P Y R E T V V Z C W P B B R Z C X G O G V V
C G C Z U K E P C U P W Y E W P D R E B J B E Z C
G Z K H Z I Y P W S W B H T G X W J H J Z F N G T
Y N W A C L Q X W U Q L T P O B R O R S Y Y D E F
U J X E R I P C J E J P L E L P F Q U U Z A O S L
Z X M A F X T M I O Y X R P G J L L F M K Z P J F
R T U B W U X O Y I M L O Y I B E A V E L H H G
A Z X N W L Z B F H G I W C A X X C S T Y H A I I
W M Q B D M Q P R W R I Z R P D S F J M S P S G J
F U P N R T T Z N U Z D O L P I R N T F O V M T M
G S Q B M Z Y F O A S P X F A N M X U V S G I T Q
S U D K P H D G H E N Z O J R Z K T K G O S C E L
Q N F D E K D N J W I C I S A X R V U R M S R S X
F G K S D C W E P S V I G A T A Q M I A E T E P K
C M M V A C U O L E S J O L U C W P I U S U T N W
Q V V K B N C I O R R G W Y S Z G L L O Z J I D X
R M D Q P Z E N T Y I Q Y M A T G U F D N Q C K I
L L N N D E L U E D H E E K W E D J P N W E U S Y
P G A U J G L Z O R G A N E L L E S A L X S L R Z
Q J H N M I T O C H O N D R I A B A L Z O R U V J
S A Y O R K J W L X S W G P J X Y F Y U Q T M W W
```

CELL
CYTOPLASM
GOLGI APPARATUS
MITOCHONDRIA
ORGANELLES

CELL MEMBRANE
ENDOPLASMIC RETICULUM
LYSOSOMES
NUCLEUS
VACUOLES

Quantum Mechanics

```
R R Z M U Y T L T O Q Y X N O B U M E S I C T H S
I U T D P N H S D N F L I I D Z S D Z J G X Z M C
A E E K U N C E R T A I N T Y P R I N C I P L E C
A N F A D E N T A N G L E M E N T M Y C K A M W F
Q E K E P Q A J M W Y R C I A U S Z T C F C X M H
T R K L H E I S E N B E R G W J N M T H I K Z Z N
R G X N E I K Q G N X A M A H O R O B U N N G J X
M Y T H O D T S I P S E V B H P V B K L L N S J M
M Q C L C R I Q R O V B D M D W T B V K I R I G Z
E U E X Q T L Z A X H A A X C V W J G L R U F S I
W A D U K W A V E F U N C T I O N O E X O W E E G
H N Q L H U Y Z N U A I J G E E V N V M D P N G V
P T E L E P O R T A T I O N A Z N L U B O W X X D
P I U Y Z I B S M U M K C U Q U A U V K P J T H S
E Z Z F N G Q T S O O H A V T S V T M U E W H J V
O A N B K L S A G J F T S X W C T R D I B S X P A
M T Z Y L T S T J F N S U P E R P O S I T I O N V
N I N B A O F E W D E D X V C E G R T F U C I Q V
V O G K S F V U O W U N T C O Z C V Y D O V U Z Y
M N E K F N B B P B E R C K T D S B J C H D U M A
V H U Z O R O Y V K P F W G V D Q G K F G D V W B
K I B G P G D R C M X E P D H D J L L Z G N F H W
Q V S D E N A E J O C C T S L F B D X B Y U C B T
G V G E X R S O Y H U A Z K O U P N D V R Z U D A
H D J B W R Z A O E O Z S L W K G R K K M P S V I
```

ENERGY QUANTIZATION
HEISENBERG
SUPERPOSITION
TUNNELING
WAVEFUNCTION

ENTANGLEMENT
STATE
TELEPORTATION
UNCERTAINTY PRINCIPLE

Respiratory System

```
Y C C Q J N O U D O C A R B O N D I O X I D E D N
V G P W R H E O X B B R E A T H I N G Y I B Z A P
Z Z G D X D T W G E Q E Y P P Z X Y C N H K T N B
W U K D Y L C R A F T Y K S R C Q S R P F U K O F
B P O D T K D J S I L M R H L R S Y O I Y G C B S
Y U H D A K T Z E Q R Y Y U Z X M Z J J P T W R P
F L A E B F E L X K A E R E P D L E L Z P T C O O
I M J B F V U S C G J F O Y W F G H D U B O U N B
H O B T V K P J H H O U N V A T C L S N D M V C Y
Y N L L T G Q B A X I B E F T L K O P H K K W H N
Z A D P U O V X N P C N U C R R V L N D V A X I I
Y R Y I P T K B G H G M L C A Q P E I A V K P A P
K Y P M V I Y E E D L H U K C W K U O N I N Z L C
W V N H N X L H W D Y I N X H O O V P L L T E T O
D E Z J L D C E N C A J G E E W C N X W I G Y U P
M N E U U R B I V F E W S S A D M E G J J C T B E
A T M O X Y G E N S X Z E G J I P Y S O I E T E M
L I A M A O F M P M O Z Q D G A L I I K M S N S N
H L A S M N K H L S A J G S L P Y U R W F M Z R J
P A B E N H U N E Q H G H H U H O U Y P E G P P E
Q T Z G I S I L S L M O C H O R U J H V F T V P B
N I Q V Y T I O C V K E R Q H A F F H D W X M L M
R O X I J Q F C J Y W D Y J V G W R O M M B D F A
T N X K R K I Y O Q H M J I Y M B U N M K X R X B
P V H F K P X H H M B T Q X C A X R W R S N Z O Z
```

ALVEOLI
BRONCHIAL TUBES
DIAPHRAGM
LUNGS
PULMONARY VENTILATION

BREATHING
CARBON DIOXIDE
GAS EXCHANGE
OXYGEN
TRACHEA

Cardiovascular system

```
L M H K U J W J O W O U B N T D T V S I Q V H O Z
P U J V G I A K T U I C U D P Y T E C U T Z N D G
B S S O R B E Q L K U T U G J M I M I V B F T Z E
A E M E U N Y M A G T A J S V R C F R J J S G Z I
Z C S H E M B Y W T Y M E T A V C U C I O Y S P E
G F L C P N V Y M M I I Q L B T A M U W X C Q V H
S U G W H O V T T E R I L X L D R O L M Y J P E W
I T I B Y O J Z Y E S I Q D O X D O A O G B I I I
W D L L A Y Y U T A P N X K O I I E T I E L Y N Y
V I Z N I A A R C A P Z L F D F A H I V N O L S M
S J J G Y P A G C Y T A C G F Y C Y O G A O C G B
U I V M B U E Q O G D A Q Z Y H C D N H T D A Y X
J G B E K E J P Z D G D R Z A X Y Q R S I V L A E
P H U E R C Y K Z O G Q Z T R Q C I S N O E A W M
S E N D M S N O X F L F B I K F L F D X N S J U N
I L R D G X N T Z A J T R N Y X E I O F H S R P N
K K M N B Z F K R I G U B T M H E N A W I E D E Q
J R U M W B R F D G X X F I H I V R O T E L O G W
E T U I D N B Z N Z L W J V F Z W Q R Z Q S L Y N
A Q B A A V E I A Y K B J K W T T A H H S E S T R
U E K V E X P Y W R D L J F B B E P N W J X V N Q
N S R N X M I V Q M V L X D H H Q G V F S F H S I
R X X I U I V W S O J Z Q D Q W Y I R V P O U X B
O T I P T V L J A Y J Q V H C Q F R B J R F G E P
X D Z N T N D P O X N Q X B Y V A L W V R X G J G
```

ARTERIES
BLOOD VESSELS
CARDIAC CYCLE
HEART
PUMPING

BLOOD
CAPILLARIES
CIRCULATION
OXYGENATION
VEINS

Kinetics

```
R W N D J N W A C W C M G O C J O H I M A P U S P
Q T I E C O V A R Q J L X X D T V E X U H B Q H Q
P A U Z R O T D G H T X S B J M T K P K V U L S H
H U E G U L L J E L M Q C O B A W I B B O V G K F
D W L L Y L J L Q E Y C R F T Q R N O H M G Y K F
G L S R C Q V Z I C V I A S O M F E F M Y V N B J
S A O W G H R R Z S V M N T G Y K T C X S Q A D S
P F C V I Q E H E Q I O R V A N Z I F B A P Q B P
L S P T V U Z M V A I O G X U L V C Z O C M B J H
Z N Z V I I R V I T C Z N C C M Y S M Q J Y M I U
N O L T D V L E I C K T F T E P O S I A E D R E L
A V Z W D R A S A W A V I Z H G X K T T Z E I F T
N K K E J E N T Q C G L Q O N E A J N Y R C L C C
V T V R Z A D X I K T D E F N T O A B Q T E W U G
A Z T F R C Y Z S O G I R Q A M T R G T E X W E A
A L N T I T I Z P B N A O B U S E O Y U Z F A G K
C T K G T I W M T A O E I N N I E C V X B M M L N
R O F C Y O A C F W B R N O R X L E H B O O Z Q H
U Q F L A N W Z K Z Y P C E J A X I S A H I V Q W
Z U F K A O S C N B Z E V J R J T C B O N U P N K
T P A N X R G M K M T S E B L G B E P R H I G U K
B E I L B D R V N A T Q E V S C Y I S V I W S V F
Y G A P A E L D R G B E F N A S K P J H L U X M W
E L X Y M R R I U B P P R O Y S U R J W A J M P N
M O U S D K X M Z E A D I O J W I A D Y N P V Z O
```

ACTIVATION ENERGY
CHEMICAL EQUILIBRIUM
KINETICS
REACTION MECHANISM
REACTION RATE
CATALYST
COLLISION THEORY
RATE CONSTANT
REACTION ORDER
TRANSITION STATE

Paleontology

```
G Y E E I B K I J D S P B A Q C N E T U Y L K E K
G P U Q Q I W R C P H E Z Q T K E M D L A A T D B
A J V Y Z W G T Y Q U Y I H I R S D I V R Q P U R
T C G X Q R W D E P R F R D S P D G N Y X W W K R
R H M R P P X N P K R W L Z V S B F O F U V V J G
N I D H Q L A P R E H I S T O R I C S T A F U Q C
L L F O S S I L I Z A T I O N E O Q A I U U S U O
B I X N Y F A A E R V A Q X Q C E T U N L U P R V
S Y S O R K J S M O Z H Z Z W R Z C R H H H M G I
C F X R H X U G F P B R R Q W H A H S Y Y T D U L
H O A S X R A A L W H I I X W Z Y G S F X G A R P
U S Q N Y R X L W L H L O P V H Y N E L H A J K S
R S N L M Z D E Y T D Q N L P U K G G I K Z S V D
I I O R I M Z C J U X P Y A O W G O Q R J B L F S
U L A C Q A N B Q W V C R Q U G Y R D P J W C M Q
Q R F Z T X O H R P O G B M Q Z Y F O S S I L S N
I E A X S V W H H D I O V G R Z W A J N G Q F X C
Q C K S M Z K W R T D A Q U K M L Q L V L P H F Z
P O T M P W H L A I I W P E S X J G F J Y X Y R T
P R F J D A D R Q C D N X M Z V C M H Q O M H R A
S D Q W M Z T G T S K X I B R X V P Z F T L U L E
H D K Y N S L O A N C I E N T L I F E F O R M S T
U C G I J R G M P Y Y W Y O S Z B D R P G H S S V
L E Z O H I C Z W Y E V O L U T I O N A R Y T U K
W X N M D E X T I N C T O R G A N I S M S U U W F
```

ANCIENT LIFE FORMS
EVOLUTIONARY
FOSSIL RECORD
FOSSILS
PREHISTORIC

DINOSAURS
EXTINCT ORGANISMS
FOSSILIZATION
PALEOBIOLOGY
STRATIGRAPHY

Nuclear Energy

```
A S V K G I W F B Q Q O B M A R I D C E Y I S C K
F E V H G J V D D Q R V X A R A H G S Y S V R J W
P U N X K M U N D F C A Q V R I I A C R Q Q K M P
E N K Y E Y R F M Y S U L U H V E T R R I E H Q E
P X U D M J G U C X V S W T C L N I L C B C T F M
B K Z C R U D S J G A Z U Y E X O U M O F T Y V H
A W U S L C R I L S M K K R G S C A W R E B X N C
J P M H Z E N O A H R C Y E C O U S N A Z D H S L
X F S U K L A N R X N G M I D F W L C W A A L C H
Y F T F B O F R B W R F M O K N I N C D E N S H R
R A B E V M E Z W E D U T H P K L S P G N Q Q A A
P C C N T J S U N A I B B L S E V Q S S W Y K I D
S G J E S F D E R N S Q X B I W A T H I Y D Z N I
D O A R S M S V A P V T G S I B G G P K O J Q R O
T G V S A P I R P H R W E L Z X Y A R P G N A E A
G S S J I D U D Z D E E U I P D L A Z V A T X A C
M V F O Z H I W K Z E V A V Q Z W D V H W T P C T
A K E P D J C A L Q T P C C X L H O F K A I R T I
P R Y I Z P G N T R H V R F T R N U O A T A V I V
V L H M V H I C H I B X F T X O M U C G W R G O E
Q H C U X C X Z N A O W R W Q X R P X K Z Q A N D
M W Q G Y B H Z D M Y N Y C V D M H N L M I H K E
L O Z V P A O A Y G U Y K Q R V G U I B T R C W Q
J C L F Y I Q L L S E Z I Y H G D S A I Y T J T F
S N U C L E A R P O W E R P L A N T V C N E T M H
```

CHAIN REACTION
FISSION
NUCLEAR POWER PLANT
RADIATION
REACTOR

ENERGY RELEASE
FUSION
NUCLEAR WASTE
RADIOACTIVE
URANIUM

Chain Reactions

```
G F G V S A C N C L J M U O N J J P K P R D E R B
Q Q Q U Y X Z O K A G X K R B C G T M K E G P E X
X J A K M L M B L N B R X Q X V B O R Y A G R M P
T G F T C J D R Z Y E Y V V M M D D G D C N V A L
X C H E M I C A L E X P L O S I O N E A T D V Y O
J K N P H B H N P K C Y B C Y N W E I X A V E Q G
B W T L N T T C I D N X B Y L D R M C D N U V T B
C L V A Q G V H F S Q N B D O C L I T F T R F H I
K N Y R P T E I E U B V G P G F M S R V S D Z E R
E U W M C X F N R K B T V S R R Z X X N N E C R N
X C B Q J B B G V C H W R D E J S R M Z F F J M T
H L A I X R A X V A R V R H M H Q L M P K V A A F
P E A C C N R Q W V P K T P A J B G J O X R S L Y
A A D T A K E X W H E O B T R F B T B M F F N N V
G R E D F T U R J I X V W X K O H B X T N R H E A
Z F S C F O A Q V E N N U G W A D S E M G B Z U Y
J I B C M Y C L Y H I F O S S J F U O T Q I M T N
A S R A J I Y W Y G A E P J Z J B B C G D S N R V
Y S E G M I W L S S V L W V K X H W J T W Z W O A
M I L H L Y O I B H T I C M K Q T C K N S A R N Z
A O P K Y R L A C I V P R O P A G A T I O N X S U
X N L K Y S N A C T I V A T I O N E N E R G Y M G
T T R X Z M P V O M U I W C H Y L F H W B H F S S
B M F K X Q Y A H R D V V T T B J U Y O I X B D Z
T Z D C Y C R B J W T I B Q Y V X F I N R O K S L
```

ACTIVATION ENERGY
CATALYST
EXOTHERMIC
PRODUCTS
REACTANTS

BRANCHING
CHEMICAL EXPLOSION
NUCLEAR FISSION
PROPAGATION
THERMAL NEUTRONS

Bacteria

```
U B N S X S O K Z Q F R J A E Y V Y R B V J B C G
B X Q T G F W L U T F N H B D Q R I L U I D Y Z R
J M C X N X G I O C Y T K R V N B J Y U S Z M Q V
U Y I L F K Q Y T Z M P P O X N E N F S B F A N W
W H I C M L Q P Q M W P E Z V N O W A K F N P K K
P O F M R E X X X C S U O M Z I R A E R O B I C B
Z E E P G O D D O Y G Z G R S K K D Q P C R I Z M
N L B J R D B E T A L M M S H D O M G L S V C Y O
Q E E K Z O N I B I O F I L M S K W B A T M O S L
S Y K C C Q K W O L C F T U V S H X O S A M T W P
R T F K A D X A I T Y T E X T S K W L M C X X T F
C E D R M X N N R R A C Y Q Z C D L R I L A J B H
O N W T Z K D A A Y A P V Q R O K R K D J H V J J
U T F J F H E N E K O A E H D P P Y K S C E P T T
D H R L F K I N P B W T N R Q W V N W R U E I P Y
T C L V A B B H D V X C E A Z L I I W E Y U X X Z
V F X Z Y G D C M O Y K Y S E E D W A X V E U D N
L H P X D T E N E L S P A Y C R Y R G F H S O I R
Z Z Q B N W G L A L J P F B Q W O B Y P Y G P G P
C S B U U L X S L X L F O G A D W B O T C J M J P
V Q F D G E F R N A L W D R S M W A I D F N G A B
O Y S C L G K S I V K Y A Q E J Q E S C C Y L R I
Z G W L W U H I M W G O I L K S L P L O Z E O T B
L X M R V O W N B Z I V N I L T K T L R A V F V B
C N U W M Z K G G J U C K D F Y O J K K F J P P V
```

AEROBIC
BINARY FISSION
CELL WALL
FLAGELLA
PLASMIDS

ANAEROBIC
BIOFILMS
ENDOSPORES
MICROBIOTA
PROKARYOTES

DNA

```
J H Q P S D I L N Y H P C T R X S Y G V W T E E A
A N Z E D K C H B Y H Z W G K C S V E N G E S L E
U N K F E J B C A C E Q N U M F A C N C E F D A L
U K R X A V T H M P A J M H L M N H E W R S M P I
L I S P M Q T L E S W T P X I N T R T S V G T D M
Q W U E H H J G D R G R T H H U Z O I E V J I F U
B F N I T R Z E O C E U A W S C L M C W V C U N T
F B F N A K F N S J V D T X V L T O M B O V C A A
R F T Z V G Y E K T X S I Q D E E S A D P A R S T
D W Q F F L C T N Z O C D T Z O H O T B H I H B I
F H S D S W V I N K Y W O X Y T T M E S A N V Z O
T T T C K P F C R V B X V I S I N E R A O C H E N
F R L A Z P E C F Z J F C X M D U S I C R X O N S
U C N O O S Y O E N W P F N V E G J A X H R F H G
J H Z B J G G D Z L T J C T H S R Z L F F Z D V Q
I V I V J F E E R V S E Q Q H K Q C M V C W J S
F W J O P H I N B P R P F L Q D H Z Q G Z M L H E
U U W Y O T F X E S K R R E P L I C A T I O N A A
O H Z B F J M B Y S J Q W F N T A B B K T L O Q H
J D H K L U C W X H F A H C O N U A B X V G I K K
R W X S O D W F S L I U Z T Y H E R O R L D Z F N
J M G O K T E B R E S P Z I O B E B O C L L N C U
G A K K Z D E O X Y R I B O N U C L E I C A C I D
O M E D O U B L E H E L I X S T R U C T U R E Y P
H B Z X J W Q T V X D N A S E Q U E N C I N G V R
```

CHROMOSOMES
DNA SEQUENCING
GENES
GENETIC MATERIAL
MUTATIONS
REPLICATION

DEOXYRIBONUCLEIC ACID
DOUBLE HELIX STRUCTURE
GENETIC CODE
HEREDITY
NUCLEOTIDES

Energy Flow

```
W Z N W K M M Y O E E E S G N F P L X I N C N B Z
C T X C M L J C T O M S C S U Q I H E N Y J C Y X
G X Y P J S L T P A D M B O A L O T F M N V O X O
P P M D T V J D M P T L J N S Y M B B K V W T V F
T V T G X G W J T N H F V J I Y C O N S U M E R E
X Y T D R M H Y A X B O Q I U R S V N E S Y Q F T
H U R V C I E Q L D S X T K N D H T T A L M D N T
B U H T W R M K G I A U G O P O X A E P P F E D S
L V K L V J N L W C A M Y R S R F R L M N W C I W
X X T E Z Q N U Q I E J N E D Y E L S D L R O L C
H O S Y N E I E Y Q L O T A Y F N B A Y Z G M M A
R T Q T Q E W F H R I Y N K S K S T U U E E P V P
E J N M A P R H Q T S M Z N U L R T H B N S O F N
P T D T P A T G A Z I Y A U Y E O W X E Y G S X M
F K Z M Q J Z R Y Z F R F R C H P P P W S W E Q W
V O R M K K I J G F T J C U E T P U S G X I R D C
R L O M Z P I A M Y L I D R C U M E S G I J S P N
B D M D S K L R G M Y O M K R R M B B M R J R B J
N I F E C M V R A D R U W H G J P P J V K X R J O Y
R V R B P H E R U P A W W X H E L X N Q O H I T X
G D Z X U N A X P U E E X P P A H P S P G E B G F
U A O F E R M I O H U S G A N R W T J T G W I Q Y
P H L T L K S H N A X G H R F K Y X Y F Y Q H H Y
F N N U M W T R O P H I C L E V E L S F J M V B I
J U A I K O O Z K N Z R P Z A H P K E E V C Q C X
```

CONSUMER
ECOSYSTEM
ENERGY TRANSFER
PHOTOSYNTHESIS
RESPIRATION

DECOMPOSER
ENERGY FLOW
FOOD CHAIN
PRODUCER
TROPHIC LEVELS

Halogens

```
3 6 8 1 X V F 4 2 M 3 L A K 8 6 D 5 X 0 G H Y 1 B
U M E X U H K M D 9 B S 2 6 O 6 P B R O M I N E J
8 L 1 H P V E G J A Q T F R Z 1 V Y Q 9 8 X 9 F U
G H X F A N F L 9 H I 3 M L D U Y 4 4 O 1 C X 8 W
V I G M T L R 9 E K N 9 R I R B F 6 9 9 6 T V R A
N 4 W 9 A H O U A C A D Z I X 4 E W C P K Y E G S
M 8 0 U P Z X G 2 3 T I M N T P L S H 3 W C D 5 T
H R J 2 O 1 I B E G W R B F N L T D L A Y N I D A
Q 9 K 4 Q Y O 2 I N P B O U U E 5 R O C 8 V A I T
J U 4 I B 3 D O W K S 3 4 N P B V Y R S S G T 3 I
D C 4 U K I I W L Y 1 B O 6 E E D L I I K C O E N
D V D Q W A N G Z O 5 P G N 6 G Z 8 N 3 C 2 M N E
P 9 6 C A A E U Y Y X 8 D R 5 V A Z E 1 R 2 I G 6
O 2 6 5 L 1 L X 4 8 S 1 T O 5 N E T 2 Z 4 3 C Z R
9 D V P F H 5 M B V W V 1 6 W 4 E P I L 2 H M W E
D Q 6 N Q L X I J 9 A 1 M D R I 5 E 2 V N V O Q A
2 T G K D J U W A N P E E C C 6 R I 5 O E K L B C
U R C W W U N O Q T N X X 0 N H K N 7 N 3 8 E M T
H I 8 O M Z L 1 R D Q B 4 5 2 O D K 9 U 6 W C 8 I
J P 4 G M M U V N I 1 6 O 5 G R O U P 1 7 P U J V
7 3 W M Z O S H Z 5 N L 7 M 2 2 D Z Q N L L L Z E
S T 0 N U 3 N 0 H C Z E 5 6 2 M H O A 4 U P E 1 9
J D 8 Q F 6 F 5 U 7 3 1 B 5 C Z 8 Q K B V H S C 1
L 6 V S H G Y C 7 L T G U S K K R M R W 5 8 O J G
1 V R M 3 X V M C 3 B H 4 I 9 O T D N 4 A 2 L I 5
```

ASTATINE
CHLORINE
ELECTRONEGATIVE
GROUP 17
IODINE

BROMINE
DIATOMIC MOLECULES
FLUORINE
HALOGENS
REACTIVE

Biology #1 - Solution

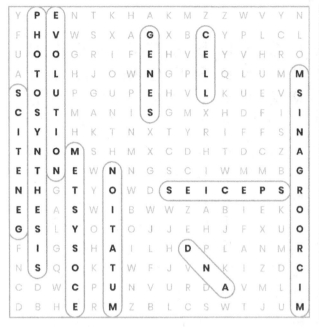

Chemistry #1 - Solution

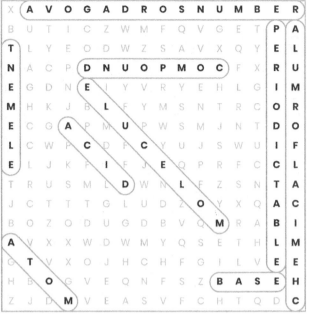

Physics #1 - Solution

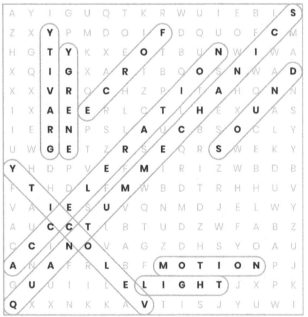

Anatomy #1 - Solution

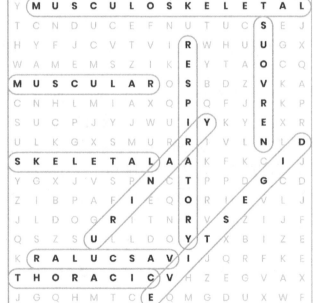

Physiology #1 - Solution

Earth Science #1 - Solution

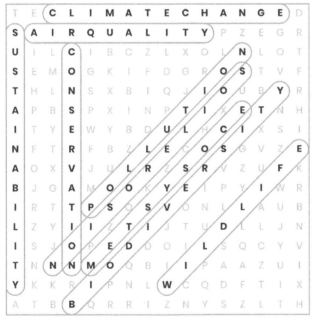

Environmental Science #1 - Solution

Astronomy #1 - Solution

Scientific Method #1 - Solution

Electricity #1 - Solution

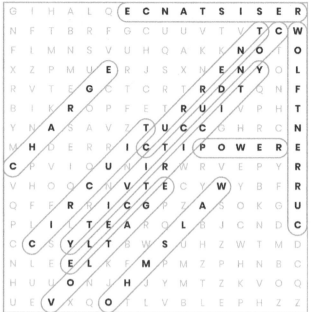

Solar System #1 - Solution

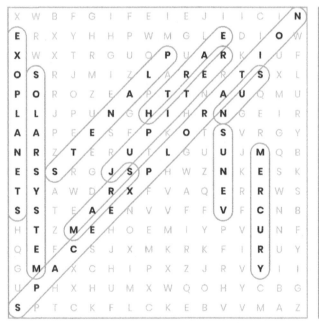

Atomic Structure #1 - Solution

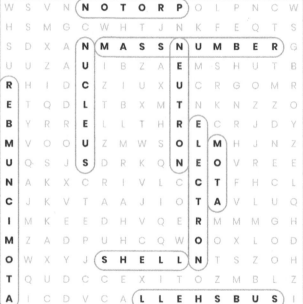

Chemical Engineering #1 - Solution

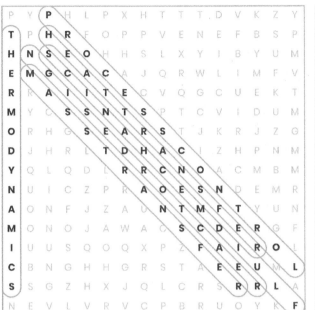

Marine Biology #1 - Solution

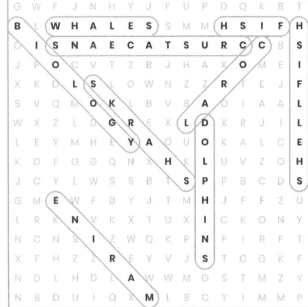

Forensic science #1 - Solution

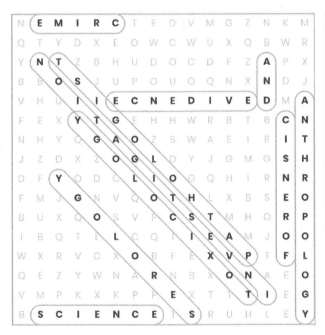

Geology #1 - Solution

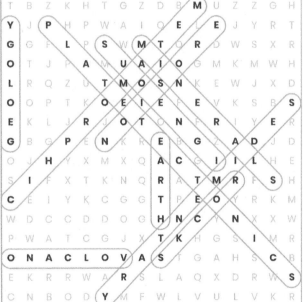

Microbiology #1 - Solution

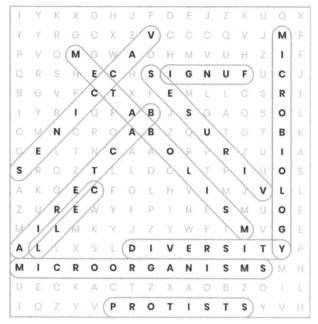

Microbial biochemistry #1 - Solution

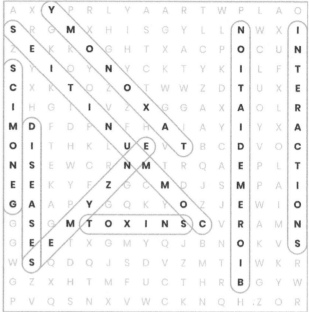

Biotechnology #1 - Solution

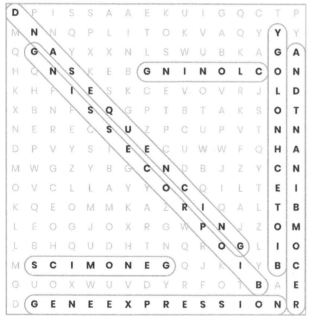

Organic chemistry #1 - Solution

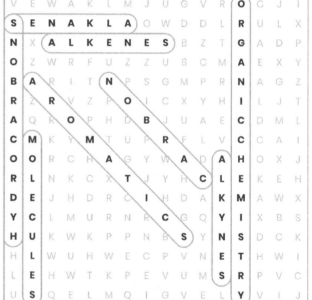

Laboratory #1 - Solution

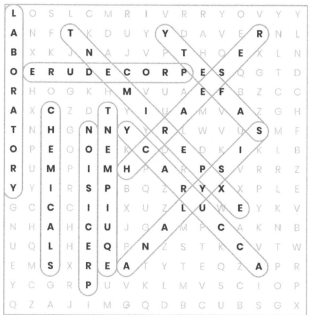

Genetics #1 - Solution

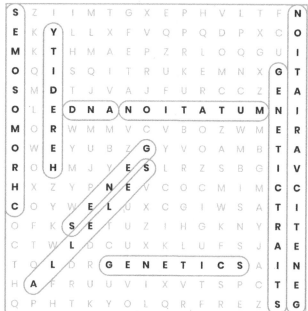

Genetic Mutation #1 - Solution

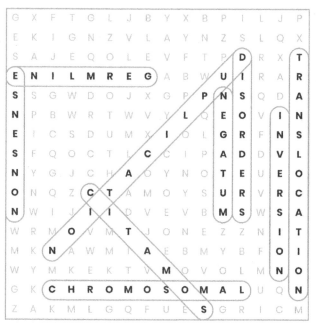

Evolution #1 - Solution

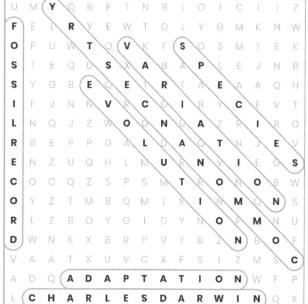

Ecology #1 - Solution

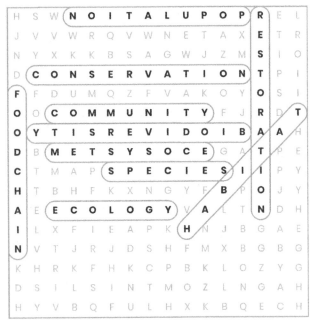

Periodic Table #1 - Solution

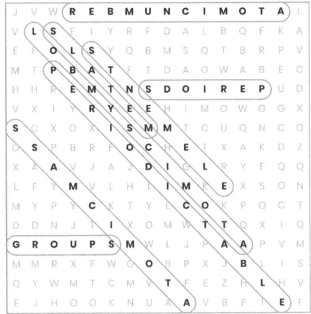

Famous Scientists #1 - Solution

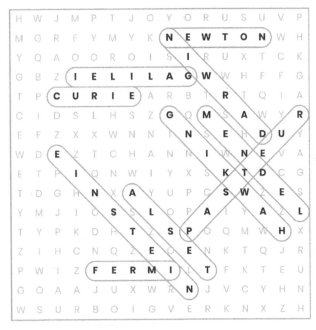

Scientific Discoveries #1 - Solution

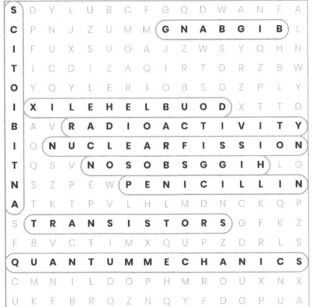

Occupations #1 - Solution

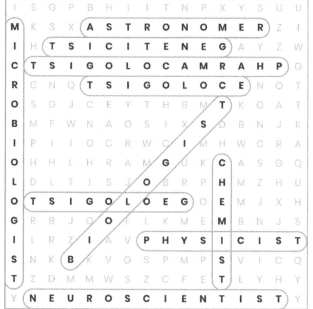

Biology #2 - Solution

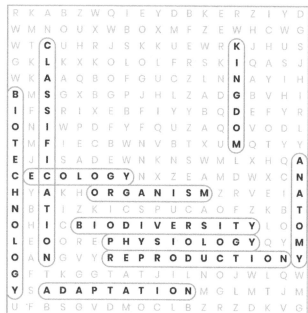

Chemistry #2 - Solution

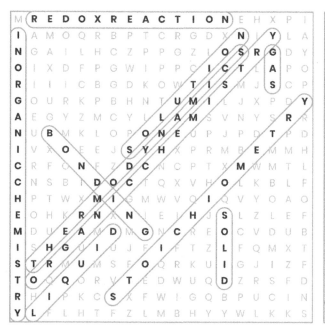

Physics #2 - Solution

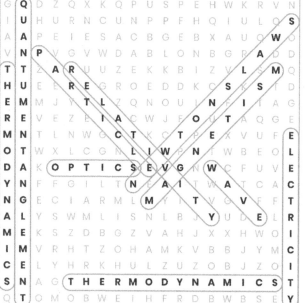

Anatomy #2 - Solution

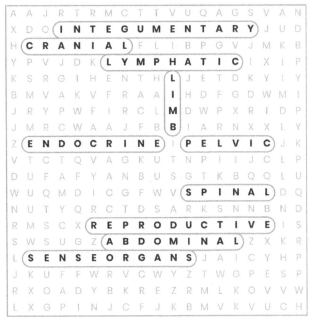

Physiology #2 - Solution

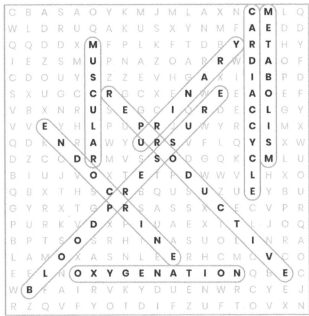

Earth Science #2 - Solution

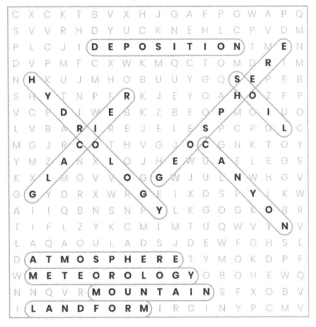

Environmental Science #2 - Solution

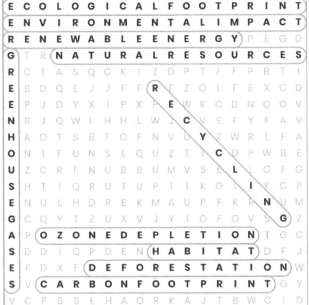

Astronomy #2 - Solution

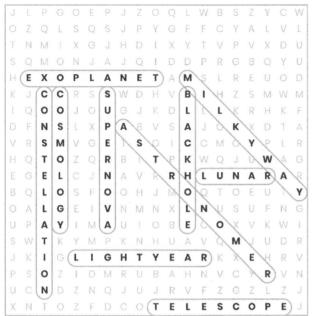

Scientific Method #2 - Solution

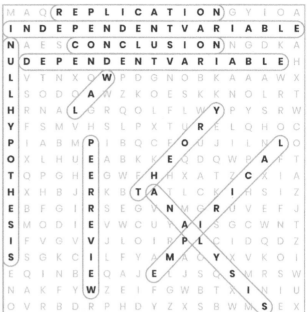

Electricity #2 - Solution

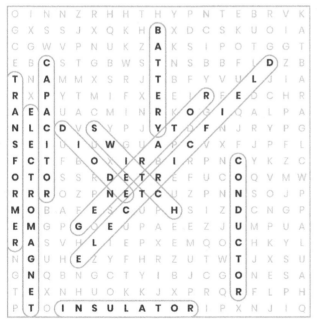

Solar System #2 - Solution

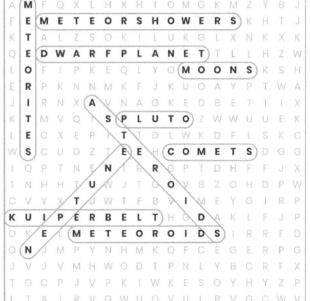

Atomic Structure #2 - Solution

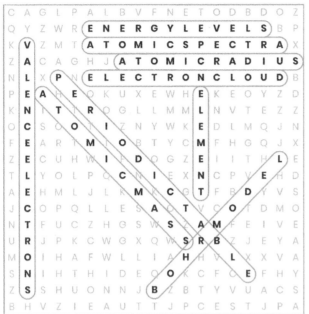

Chemical Engineering #2 - Solution

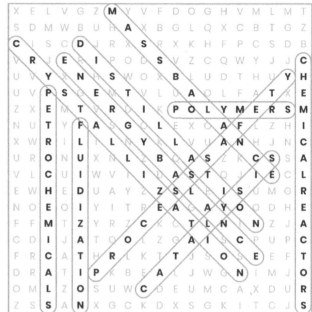

Marine Biology #2 - Solution

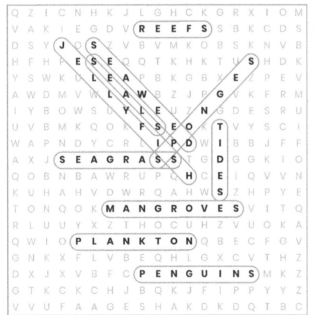

Forensic science #2 - Solution

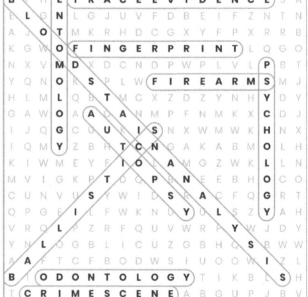

Geology #2 - Solution

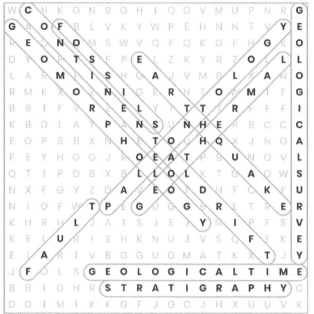

Microbiology #2 - Solution

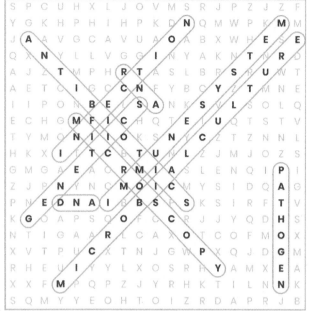

Microbial biochemistry #2 - Solution

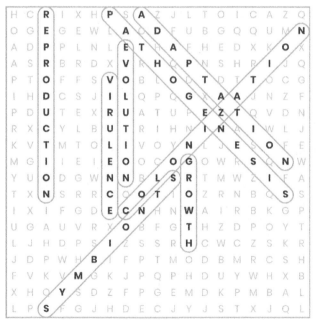

Biotechnology #2 - Solution

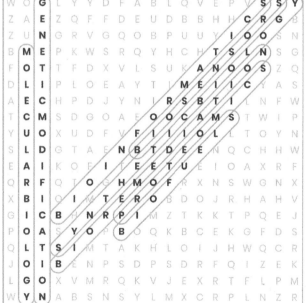

Organic chemistry #2 - Solution

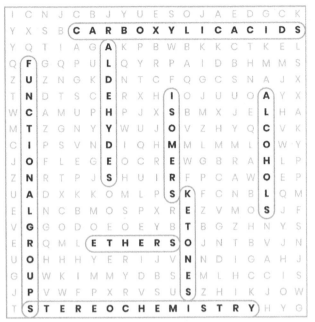

Laboratory #2 - Solution

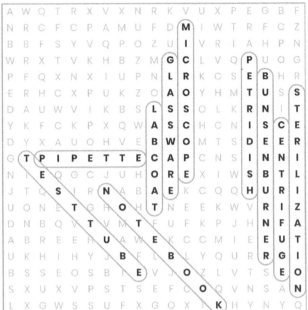

Genetics #2 - Solution

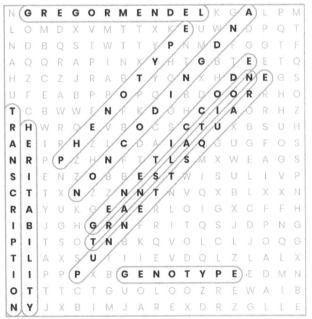

Genetic Mutation #2 - Solution

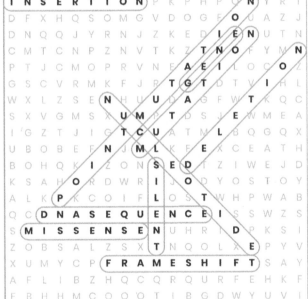

Evolution #2 – Solution

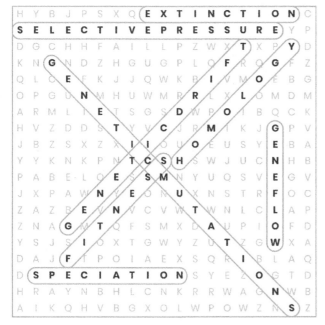

Ecology #2 – Solution

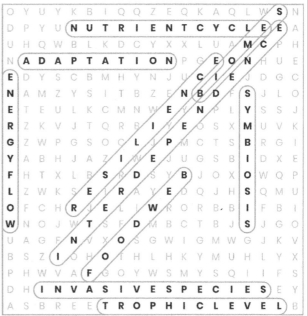

Periodic Table #2 – Solution

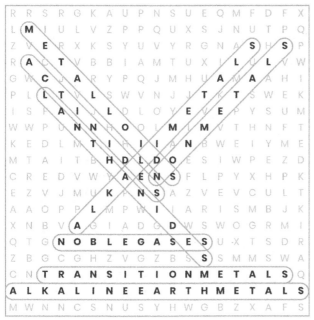

Famous Scientists #2 – Solution

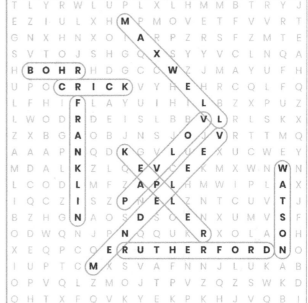

Scientific Discoveries #2 - Solution

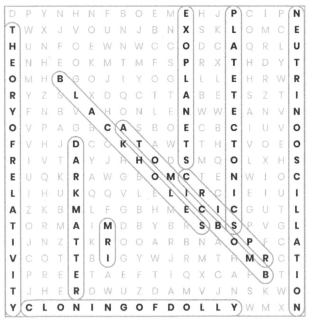

Occupations #2 - Solution

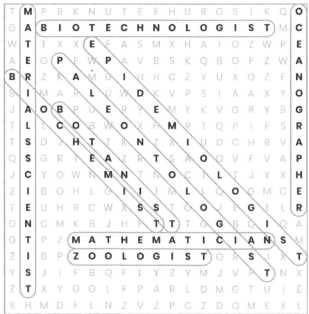

Biology #3 - Solution

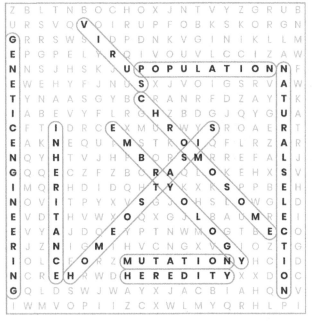

Chemistry #3 - Solution

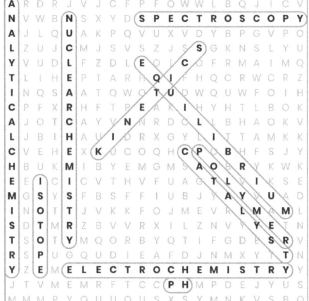

Physics #3 - Solution

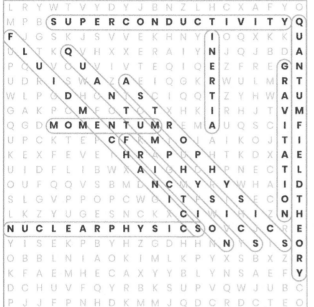

Physiology #3 - Solution

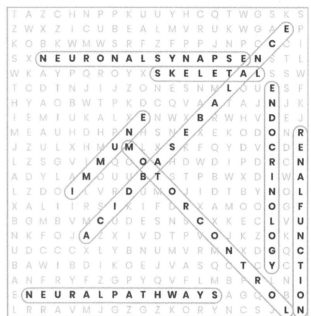

Earth Science #3 - Solution

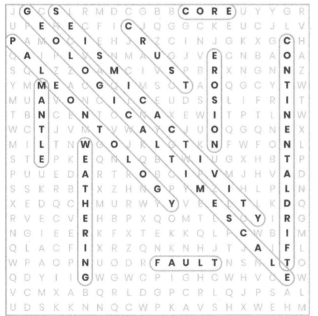

Astronomy #3 - Solution

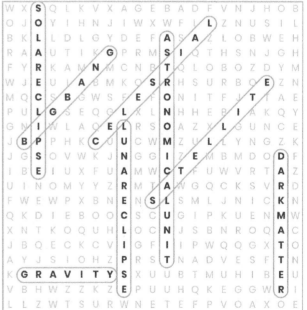

Scientific Method #3 - Solution

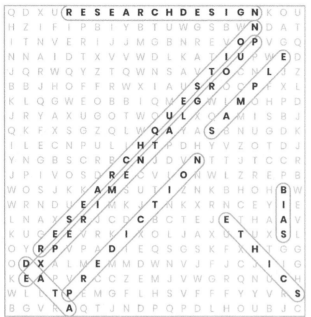

Electricity #3 - Solution

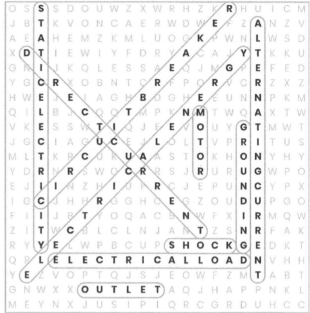

Solar System #3 - Solution

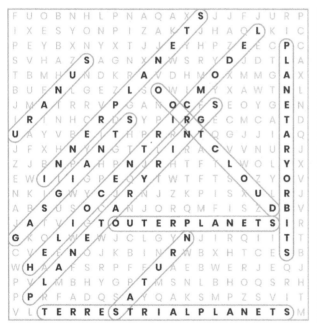

Atomic Structure #3 - Solution

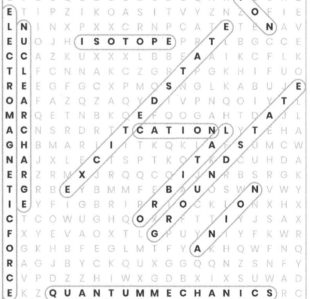

Marine Biology #3 - Solution

Forensic science #3 - Solution

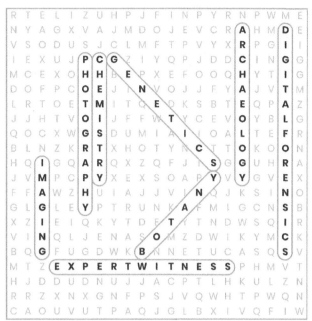

Geology #3 - Solution

Microbial Biochemistry #3 - Solution

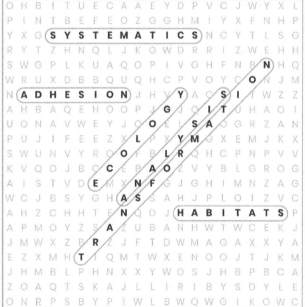

Biotechnology #3 - Solution

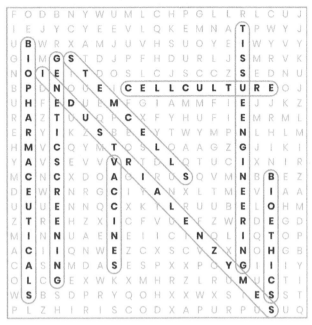

Organic chemistry #3 - Solution

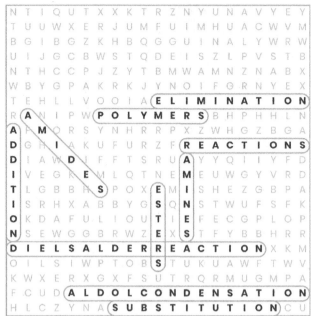

Genetics #3 - Solution

Evolution #3 - Solution

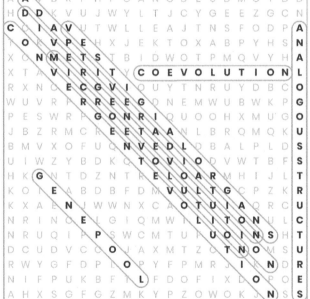

Ecology #3 - Solution

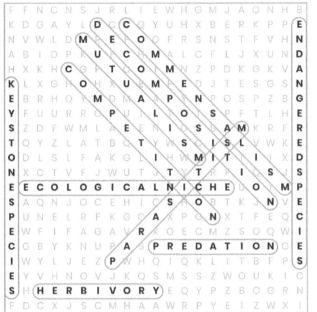

Periodic Table #3 - Solution

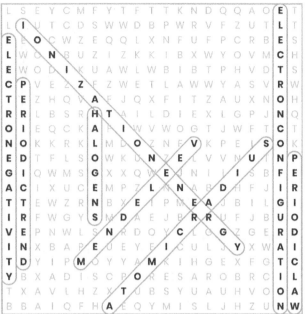

Famous Scientists #3 - Solution

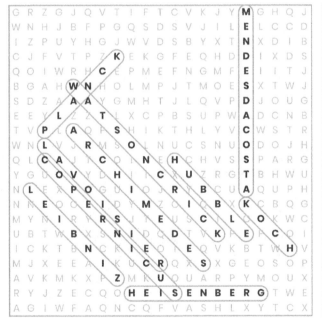

Occupations #3 - Solution

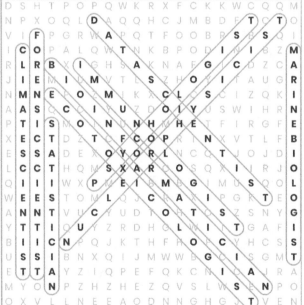

Geology #4 - Solution

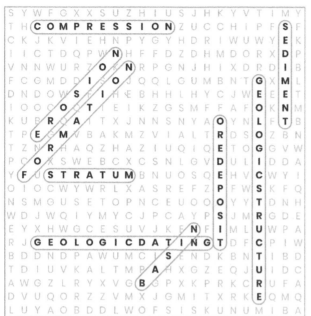

Biotechnology #4 - Solution

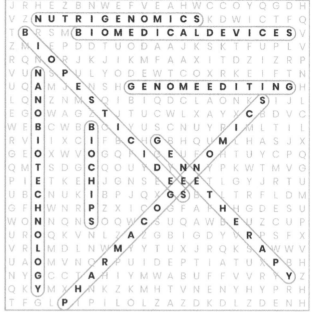

Organic chemistry #4 - Solution

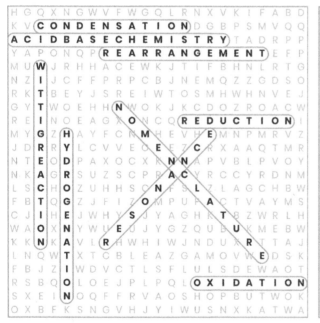

Genetics #4 - Solution

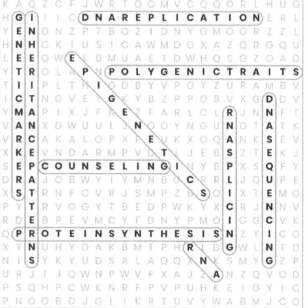

Evolution #4 - Solution

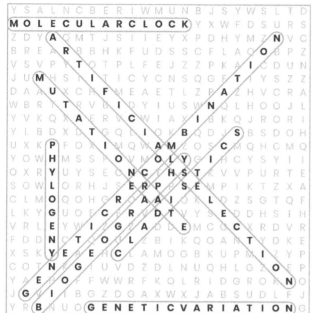

Ecology #4 - Solution

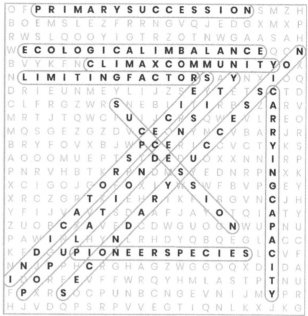

Organic chemistry #5 - Solution

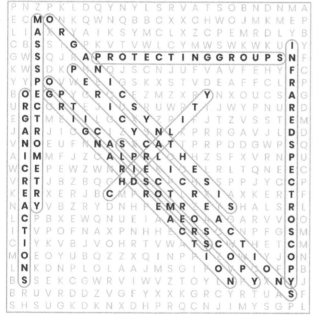

Hubble's Law - Solution

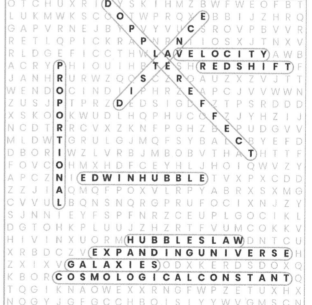

Photosynthesis - Solution

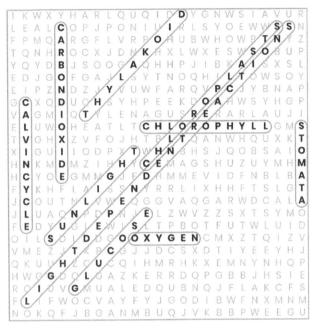

Cells - Solution

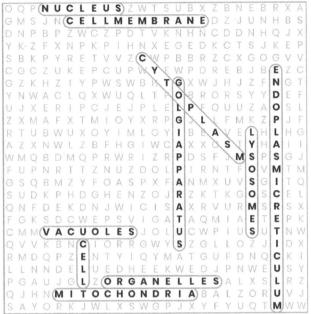

Quantum Mechanics - Solution

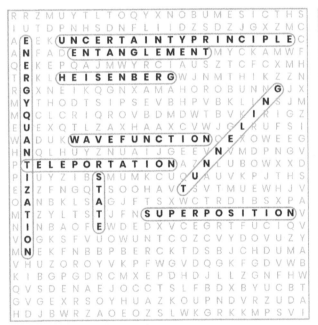

Respiratory System - Solution

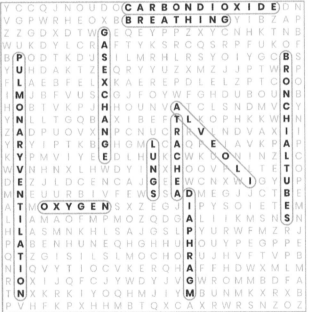

Cardiovascular system - Solution

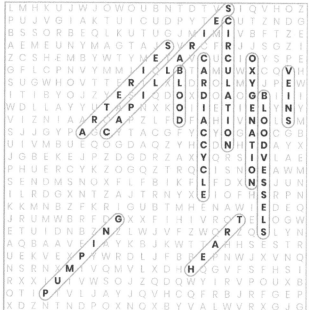

Kinetics - Solution

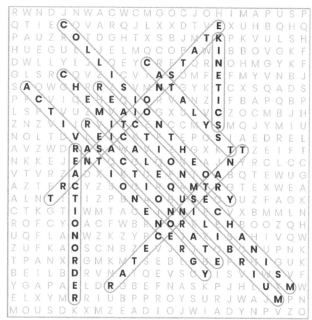

Paleontology - Solution

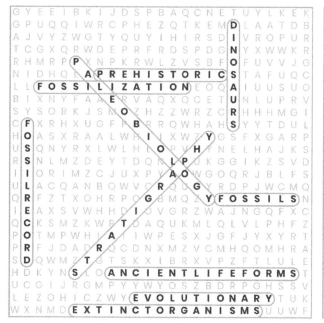

Nuclear Energy - Solution

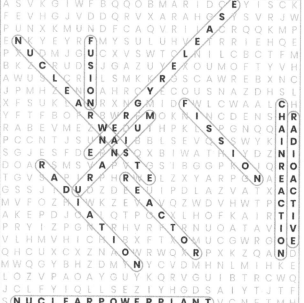

Chain Reactions - Solution

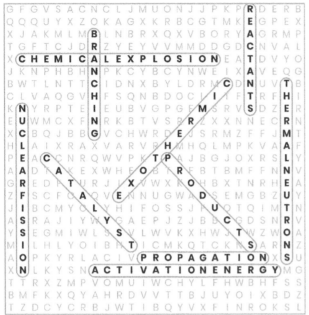

Bacteria - Solution

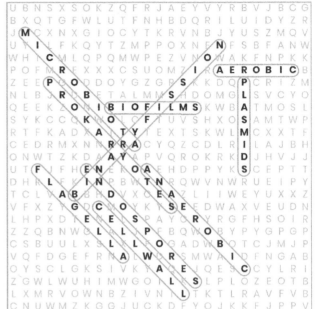

DNA - Solution

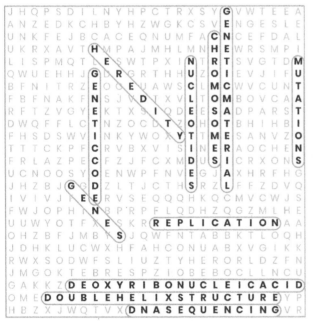

Energy Flow - Solution

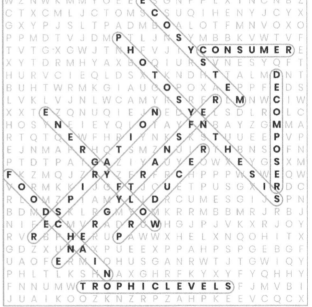

Halogens - Solution

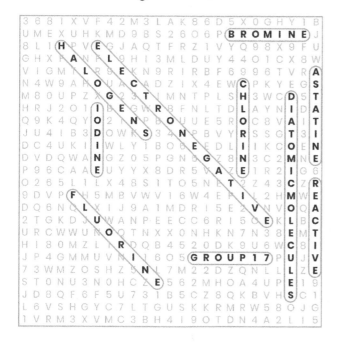

Made in United States
North Haven, CT
07 December 2024